ぼくの〈那覇まち〉放浪記

那覇散步紀行

走訪沖繩那覇市，尋找巷弄間的歷史記憶

新城和博——著
張雅茹——譯

前言　閒晃・浪跡・那霸街頭

信步走在自小生長的那霸街頭，倒也說不上是為了什麼。這習慣行之有年，每當興致一來，我便拿起那霸的老地圖，憑藉著朦朧的記憶，在大街小巷裡浪跡閒晃。

最近人們對於「城市散步」的說法都不陌生，又變化出「慢旅」（pottering）一詞，用來表示隨性地踩著自行車，不預設目的地的出遊。於是，在光天化日下徘徊——不不、應該說是「閒晃」於人踪罕至之處，就成了正正當當的消遣。現在我總算能夠大方承認：「我的嗜好，就是探索舊時的那霸小鎮。」

細數起來，我住在沖繩、那霸將近半個世紀之久了……老實說，我自己也嚇了一跳。活到這般的歲數，難怪總不由自主把過去的景象疊加在眼前的街道上，有時是我親身經歷過的、美軍統治下的那霸，甚至是我無緣得見的、戰火煙滅的那霸……。

那霸此刻正悄然經歷顯著的變遷。並非一夕之間模樣全換，而是那邊的小町屋消失了、這條街上的書店收起來了、停車場增加了，是這樣無端無緒的改變。空地東一塊、西一塊地冒出來。我記得以前本來是海岸的那些地方，卻想不起上個月拆掉的那棟建築物裡的店名。每每思及這些，我的心底就一陣翻騰。變換的街道、消失的城鎮，這才是那霸面臨的光景。

然而，當我慢下腳步，回到童年生活過的小巷，或循著老地圖與舊書的線索，騎車探巡想像中的舊城跡時，我總能從熟悉的日常街景中抽離——拐進時光隧道，隨意浪跡於未知的地方。幾次獨闖那霸街頭的經驗，讓我發現了不少新舊交融的景觀，相信它們在今後也會成為這座城市新生的記憶。

這本小書輯錄自我的兩個專欄隨筆。第一部分的短篇，是我在二〇〇七年至二〇〇九年發表於《沖繩調調》（Okinawa Style）雜誌上的「幻想那霸．街角記聞　轉進曲折的小巷弄」專欄，大抵是寫我記憶中的那霸和當前那霸重疊後的樣貌。第二部分則是我在二〇一一年至二〇一四年為《琉球新報．Kahu 生活新聞周刊》撰寫的「沖繩點彩畫」專欄，我試著將四處打聽、尋覓到的微小線索，拼湊成那霸戰前的景象。彙集成本書之時，我更動了部分標題，並添寫了新的內容。

我的人生歲月，也許就是消磨和寄託在這些興趣上了。專欄連載那些年，現實中的那霸迭有變化，書裡提到的地景，多處已化作烏有。面對母土的急遽改變，我誠然也有些惶惶不知所措。不過每當我重新踏上自己生長的地方，牽掛、探尋記憶中熟悉的景物時，總有無法言喻的快樂。但願這本因漫步那霸街頭而集結的隨筆，也能為你的生活加添一些樂趣。

作者／新城和博

目次

前言　閒晃・浪跡・那霸街頭　003

轉進曲折的小巷弄　二〇〇七～二〇〇九　015

從開南公車站步出大街　016
睦橋通上的空地　020
邊界上的電柱通　025
與儀的神祕無名小河　029
「街痣」的記憶　033
闖入荒廢日久的墓區　037
那邊本來有家電影院　043
消失了的首里美人樹　047
市場裡曾有過書店　051
生鏽的體育館穹頂　056
崖上的那霸（Nahwa）　060

倒退划向那霸城鎮 二〇一一～二〇一四 065

壺川吼吼 068

走過松川橋 072

不復存在的海角之旅 浮繩嶽 076

町家舊址 080

橋上的妖怪「仲西嘿」 084

覓得樋川的小泉「落平」 088

「書店休息站」小歇 093

站在雪岬上 098

街邊的釣客 103

找不到賣柴魚的店鋪了 107

帶著書，走進幻想的那霸街頭 111

雨霧降落在哀愁的那霸街頭（上） 115

銷聲匿跡的小鎮 探訪宮城縣沿海地帶 119

三重城前方風景 123

視野遼闊的街角一隅　127
櫻坂的午後　Afternoon in Sakurazaka　132
泊港閱讀　137
虹／蛇與堤橋　美榮橋附近　142
在讀書電車裡幻想　沖繩都市單軌電車頭的座位　147
消失的那霸山坡　152
那霸市政府以前也是遊樂場　157
想回到《穿梭時空》裡　161
一如既往的小鎮　沖映通、車站前的一箱古本市　166
到破屋那裡走走　久茂地周邊　170
即使被雨淋濕　牧志御願周邊　175
邊緣的天久崖　180
私人菜園在我家　186
和芳子到「石蹓躂」去散步　辻町、西町、東町　191
在下泉談個戀愛　山之口貘的青春　195
新屋敷的愛心裝飾　200

在那霸市歷史博物館外 204
開南狂想曲 209
採集若狹的風 213
狐狸颱風終於來了 首里、弁之嶽 217
山之口貘〈看到了不該看的東西〉 221
壺屋的舞廳 226
崇元寺的光輝 230
不搖擺的市場多無趣呀！ 2014 235
十二月的空中飛鯨 浮島那霸之幻想 240
後記 245

雪崎
ユーチヌサチ
夫婦岩
夫婦岩
若狭町
若狭町大通り
県立若狭病院
（ケンサヤー）
護道院
上ノ毛
アカチラバル
漆器工業組合
メーミチ
国吉小
アマガシャー
那覇市立商業学校
（現・那覇中校）
開洋会館
（島尻郡役所跡）
若狭町村学校所跡
松山町
那覇地方裁判所
那覇尋常高等小学校
マーチュースージ
読谷山御殿
ミーミチ
二高女運動場
唐人墓
ホートヌヒジャヌスージ
那覇潟原
県立第二高等女学校
松山尋常小学校
聯隊区司令部
松尾山
沖縄県立病院
那覇市立浴場
ミンダカリ
ウィーミチ
松下町
仲本小のカー
テラノカー
大久保医院
久茂地大通り
久茂地町
市長公舎
（小沢書店跡）
久茂地市場
ボーイガシマル
久茂地橋
家政女学校
浜崎帽子会社
沖縄電気会社
久茂地尋常小学校
久茂地郵便局
久茂地川
泉崎橋
（琉球新報）
美栄橋町
テランサガー
ハーリー屋跡
泉町
甲辰尋常小学校
専売支局
★國際通
仲島大石
郵便局官舎
官舎
那覇警察署
新県道（現・国際通り）
学務部
警察学校
沖縄県庁
★單軌電車
縣政府前站
県会議場
警察部
県立図書館
泉崎村学校所跡
カラヤー
上泉町
湧田地蔵堂
根神ヌ山川
壺川ガー
ホートゥ小山
獅子
下大濱
上大濱
筋荒ウガン
八重山宿跡
ハンキヌウガン
仲尾次邸
吉屋跡
仲島小矼

＊這張地圖是從《那霸市歷史》資料篇第2卷之7「那霸民俗」附圖「舊那霸歷史民俗地圖」（那霸市立歷史博物館提供）中，擷取出的舊那霸市中心街區局部。今日的街道分布，與地圖差距甚多，因此僅標示出約略的重點。另外，從這張圖也看得出來，久茂地川的水路變化不大。

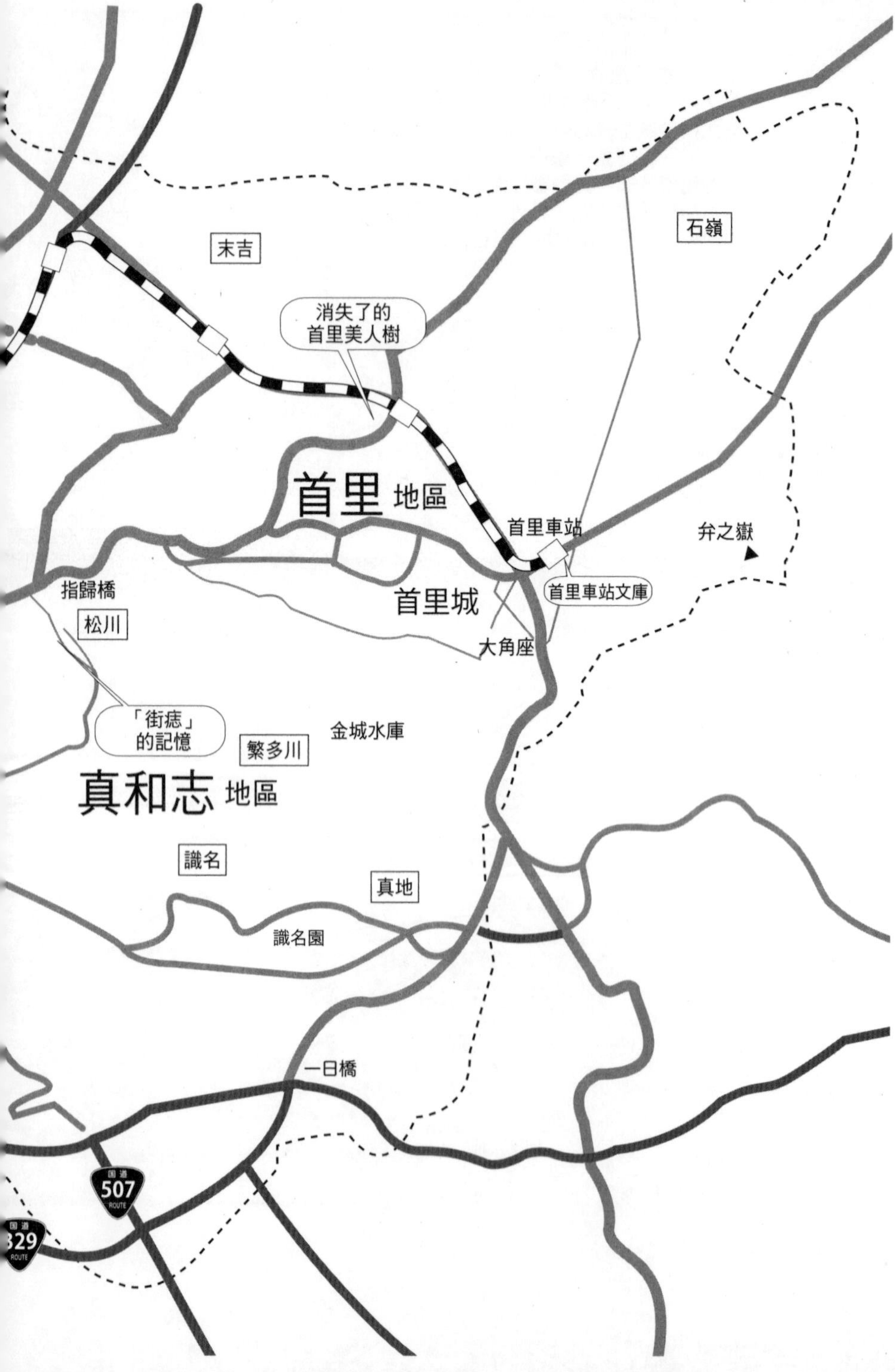
末吉
石嶺
消失了的
首里美人樹
首里 地區
首里車站
弁之嶽
首里城
首里車站文庫
指歸橋
松川
大角座
「街痣」
的記憶
金城水庫
繁多川
真和志 地區
識名
真地
識名園
一日橋
国道
507
ROUTE
国道
329
ROUTE

我的「那霸街頭」散步地圖
PICK UP

那霸樋川的「筋道小」。

轉進曲折的小巷弄

二〇〇七～二〇〇九

從開南公車站步出大街

這裡與其說是小巷子，不如說是夾在兩幢住屋之間，僅容一名大人通過的窄巷。那霸人一向把這種通道喊作 Sujiguwa，漢字應是寫成「筋道小」吧？住戶隨手擱放的盆栽，又讓路面益發狹隘難行。有時還能在角落發現野貓吃剩的食物殘渣。至於飄散在空氣中的那股霉濕味，則是來自腳下的排水溝孔竄出的居家廢水。

路面不知什麼時候鋪上柏油與水泥的。不過巷子裡的景物沒怎麼變，和我童年時代——就是「美軍統治」、「回歸日本」當時的樣子差不多。

小時候，我最喜歡抄這種「筋道小」的捷徑，走到盡頭，拐個彎，立刻就通到那霸的大街上去了。

我成長於那霸的樋川一帶。如果不曉得它的確切位置，可以吩咐計程車司機：「從開南公車站往山上的天主教會方向開，在半山坡處下車。」

沖繩南部的路線公車，不論上行或下行，按例都會行經開南公車站。它是前往平和通、牧志公設市場以及國際通的起始站，對本地人而言，其重要性就好比是「上野車站」之於東京，平日總是人潮洶湧。公車站的周邊，大約在我小時候開始熱鬧，爾後便發展出商店街的雛形。乘車處附近、看似火車站月台的地方，側邊本來有間派出所（此處是沖繩回歸示威遊行事件中，抗議群眾投擲燃燒瓶的地點）。因為公車的班次很多，在站內負責引導民眾乘車的並非鐵路局職員，而是負責公車站務的大叔。他們身穿筆挺制服，手持麥克風，反覆播報來車消息：「下一班即將抵達的是開往某某地的〇〇號公車……」此番情景，宛如我兒時記憶的翻版。

佇立於街頭，環顧一圈，可以看到和洋融合的餐館、柏青哥店、兼營理髮廳的水果行、琉球舞蹈道具店內附設的照相館，以及電器行、唱片行、三家書店。不遠處還有一家電影院（放映情色電影），我以前經常光顧的澡堂（正派經營的那種）就在旁邊的巷子裡。

戰後，這一帶因為交通四通八達，而出現了交換人力及物資的黑市。但「開南」本身不算正式的地名；我原以為本地人習稱的「開南」帶有「開拓南方交通」的寓意，後來才發現，戰前在這裡有一所私立開南中學，方為真正的由來。

開南公車站內，平日多是剛從市場採買完畢、手中拎著大包小包準備返家的婦女，還有上班族和學生的身影；每逢週末假日，則成了南部年輕人相約逛街碰頭的地點，公車載來了一輛乘客，緊接著，又載走一輛，不論何時都擠滿了鬧哄哄的人群。至於我呢，通常會穿過車站，到另一端的平和通、國際通上去閒晃。印象中，開南公車站更像一扇通往各方的大門。

這幅景象是沖繩郊區尚未興建大型購物商場，也還沒有發展出消費文化之前（約自八〇年代後期至九〇年代前期吧），最尋常不過的市民生活光景。而今，那些老店鋪不是悄然關閉，便是換上了嶄新現代的裝潢，再也聽不到嘈嚷擁擠、搭車返家的人聲了。大家都到哪裡去了呢？

派出所的舊址旁邊，後來長出一株枝葉茂盛的美人樹，此時正朝向天際伸展枝枒。樹蔭下，幾名候車南行的乘客坐在長凳上等得出神。瞥望這一幕，彼時的開南公車站忽如蒸騰浮動的蜃景，奇妙地映現在我的前方。

開南公車站。

樋川周邊。

睦橋通上的空地

那霸市區過去原有許多小巷弄，悉已消滅於沖繩戰役之中。戰後，沖繩人陸續移居那霸，住戶人口一多，這才又開始了測繪土地、建造町屋的工程。戰時夷為焦土的那霸地區，在戰後仍暫時受美軍管治，歸還日本以後，那霸始與真和志村、小祿村、首里市等地合併為一市，但是並未立即推行都市重建計畫。直到今天，我在小巷弄裡胡逛漫遊時，多少還是能辨認出戰後沖繩移民開拓街區的痕跡。比方說，從前的路幅比較狹窄，這反映出當時人際交往的距離，而迂迴曲折的路徑，則象徵了個人與社會的關係。真和志地區裡面就保留了好幾條蜿蜒的小巷弄，但是過了國道五十八號之後，沿海的舊那霸地區——相當於西町、東町、久米、若狹這幾塊土地，因為被美軍整飭過，遺留的巷弄風景已經不多。（若對那霸戰後都市計劃與商店街開發史感興趣，不妨一閱加藤政洋的《那霸：戰後的都市復興與歡樂街》，FOREST 出版。）

那霸第一牧志公設市場、平和通一帶，向來是旅遊手冊著重介紹的「觀光地區」。不過，這幾條路走到底，便可見到歪斜迂曲的小巷弄，路面忽高忽低、忽左忽右，雜亂地接連，即便想要筆直通行也不得其法。牧志公設市場所在的區域，在戰前原本是沼澤和坡地，再加上小河流亙其中，建築物也只能沿著地勢而造，使得這一帶的地形超乎想像的複雜。七〇年代後期，商店街的規模逐漸成形——現在我們都知道它為什麼顯得有些封閉了。即便到了今天，許多建築物後方仍是雜草蔓生，甚至是林木蓊蓊的墓地。路上觀察學家暨藝術家赤瀨川源平說過：「在城市的中心，也藏著城市的邊陲。」深入這些隱密的小巷弄時，我猛然想起了這一番話——說得真貼切呀，一點都沒有錯。

我因而重新打開了眼界，興致盎然地在市場那一帶踅逛。這是好幾年前的事情了。只要稍微轉個彎，便又通往不一樣的商店小街，整個街區猶如迷宮般彼此貫通，教我嘆服不已。說來，就像市場裡的人際網絡一樣交織緊密。

今年夏初，我到櫻坂社交街上的 Live House 觀賞朋友的表演。趁著表演前的空檔，我又繞到市場裡面，打算像從前那樣碰碰運氣散散步。我在開南公車站下了車，走進新榮通，然後轉入新天地市場通，接著穿過浮島通，本想順便在附近找個小店喝杯啤酒，然而卻遍尋不著。許多商店週日公休，況且也還不到喝酒的時段。反正無論如何，我都不想獨自走進廉價旅館附設的酒吧，這種地方近來頗為風行。

當下，我僅憑著模糊的方向感，決定朝睦橋通走去。它和擠滿觀光客的市場大街相鄰，是通往「水上店鋪」的隱密商店街，也是這一帶街巷之中，最細長、昏暗、不起眼的一條。二〇〇〇年前後沖繩興起觀光熱潮，但這條便捷的人行通道未受影響，走進這裡的，大多是本地居民。想起舊時雜沓熱鬧的景象，我不由得感到一絲苦澀。

然而，這條街……它居然憑空消失了。哪裡還有什麼街道？不但沒有樸拙無華的街景，就連那塊老老實實的寫著「這棟建築物在三十多年前歷經火災以後，即原封不動保存至今」的告示牌，也不在原地了。那塊焦痕對我來說，才是這個地方無可取代的精神地標啊！大約從八〇、九〇年代至二〇〇〇年代，沖繩縣內地價最高的路段，是在國際通上、離三越百貨前方約十幾公尺處的大樓轉角那一帶。那棟大樓的牆面上，也殘留著焦黑的燒跡，這些火痕就像街上的黑痣一樣，都是那霸不可磨滅的一部分。

我呆望著都更過後留下來的大片空地，久久無法作出反應。想起這裡本來

站在火災發生地點，抬頭仰望昔日的那霸塔。

有一家咖啡館，是個身軀嬌小、不怎麼說話的老婆婆開的，看來，她的店也跟著收起來了。

無論是改變市貌的新都心也好、是融入市容的單軌電車也罷，都比不上這個夜晚所見到的空地，讓我深深感到衝擊。

邊界上的電柱通

小巷弄，指的是夾在兩棟屋牆之間的窄巷，通常沒有名字。每個人心目中最理想的路寬或許不盡相同，但我尤其偏愛窄的——最好是讓兩個狹路相逢的陌生人同時覺得侷促，卻又反射性地退後禮讓的程度。

在這樣的小巷弄中亂走，我總是戒慎恐懼。擔心走進了死巷，腦中盤旋著「這條路真的能通到外面去嗎？」小心翼翼地走到最後，才發現自己就站在別人家的停車位旁邊。望著這戶不知姓氏的人家，我開始猜想車主的駕駛技術如何、停車後該從哪裡開門。就連車子本身也像一道費解的謎題。說起來，小巷弄與人生，都讓我感到不可思議。

即使在車輛交會的馬路上，也會出現小巷弄那般彼此相讓的情境。那霸有幾條這樣的窄路，比如我工作的 Borderink 出版社，就坐落在素有「車界小窄巷」之稱的路上。路名倒是有的，就叫做「電柱通」[1]。至於由來，有人說是因為放眼望去，除了路邊幾根電線桿之外，就沒有什麼醒目的標的物；也有人

1 電柱即電線桿，在本書中維持日文原有路名。

說這附近有個專門儲放電線桿的小山丘。究竟孰是孰非，我也無法判斷。唯一能夠確認的是，路的兩側，確實豎立了一整排電線桿。那霸似乎不少街道都名為「電柱通」，這條「電柱通」更是無人不曉（我對此深信不疑）。搭乘計程車時，可以告訴司機：「我要到寄宮的電柱通。」

這條勉強可容一輛汽車通過的馬路，並不是單行道，因此不時要會車。許多人都知道電柱通是國場和與儀之間的捷徑，在長約兩百公尺的電柱通上，總有不少司機忙著「Yugama～Higama～」（沖繩語，意為調度、轉彎）。這條路還能通往大街上的警察局，所以警車也常走這條捷徑。

然而，因為不巧有一根電線桿突兀地立在窄路上，每當遇到逆向來車時，駕駛就必須將車子停在電線桿後方，或是停在電線桿另一側，好讓對面來車優先通行。簡單地說，這是車輛互相打招呼的禮儀。經常行駛在這條街上的司機，都知道如何掌握恰到好處的時機，兩方會車猶如「吸、吐」那般有默契。在這樣的馬路上，人們自然會發揮謙讓的精神。我通常會先禮讓來車，因為「在沖繩空手道與小巷弄的領域中，沒有爭先的道理」。

電柱通上的房子幾乎都緊鄰著道路，而圍牆、門口和建築用地之間，也沒

與儀的電柱通。

有多餘的空間。名為「電柱通」的卡拉ＯＫ店、製麵坊，還有狹窄得僅能容下一碗杯麵寬度的細巷、洗衣店，以及不知何故出現的剪紙畫廊等，在此地零星落戶開張。早先幾年，這一帶的車流量還不像今天這麼多，但已有商店在此營業，現在仍然保留著當初的商店街格局。木造房舍上鋪設著紅屋瓦或水泥屋瓦，讓這一整條路好似染了懷舊的茶褐色，漂散出奇異的風情。

沿著這條狹窄的路開車，從國場那一端通出去時，眼前忽然就變成雙向二線車道的交叉路口，路面寬闊非常。不過這條十字路口還沒有通稱，因為它在十五、十六年前，剛鋪設完成。這個地區在戰後被美軍強制接收，過去是戒備森嚴的軍用燃料罐基地。二十多年前完全歸還給日本後，才陸續出現新興住宅區。從路幅到住宅與店鋪的規劃，都相當寬廣，只不過，今天人們還是把這一帶稱為「與儀燃料罐舊址所在地」。

美軍在此地儲藏大型燃料罐的年代，美軍基地圍欄的對面，有一片廣大的綠色草坪。幾塊田地和幾棟住家包圍了這片草坪，最後逐漸發展出住宅區。換言之，電柱通因為如此細狹，而成為與寬闊的美軍基地相鄰的界線，「Border」（邊境）之名，便是當時留下來的。

與儀的神祕無名小河

與儀十字路口是我生活中的必經之路，從小到大，往返其間數十年，居然不知它附近有河。某日開車經過，從駕駛座瞥見不遠處有片漆黑的地方，始知那裡有水道。不過它的寬度還稱不上是條「河」，要說它是「小溝」嘛，又似乎太大了……。

「小溝」指的是沒有加裝孔蓋的細長排水溝漕，通常沿著小巷弄挖鑿。廚房裡的用水、洗浴後的污水直接從排水管流入溝中，因而異味難掩。溝裡的水潺潺流過住家及小巷弄之間，那是我不太願意仔細回想的，說白了，就是「臭水溝」的味道。但是，每到傍晚時分，也會傳出巴斯克林撲鼻的香氣。

那霸市的地下排水道，多年來依次整頓完工，如今已不再能見到流過生活廢水的小溝了。不過，走進小巷弄或住宅密集的區域時，還是能在腳邊發現凹漕。小溝裡的水流，便從這裡匯入近處安裝了孔蓋的排水溝裡。我記得小的時候，即使比它稍寬的排水溝也不會裝上水溝蓋。後來再想想，那其實是溪流的分支，只是被我誤認為排水溝而已。

那霸市裡最大的排水溝，隱藏在牧志市場裡面的「水上店鋪」底下。那棟建築物正如其名，就蓋在我部川下游的上面。一九六四年，那霸市政府在這條不時氾濫的小河上加蓋，並在上面建造店鋪。從那時以後，此處就成為黑洞似的排水溝，所謂「陰溝」是也。深夜時段，只要走到杳無人踪的水上店鋪旁邊，就能聽見從地下傳來細微的流水聲。那霸市區裡的小河是如此擔負起收集日常排水的工作，然後將污水一波波地運往那霸港、泊港，最後融入大海之中。

這麼說來，在那霸回歸日本以前、我這輩人共同擁有的童年記憶裡，那霸境內的小河幾乎全部都被排水所污染了。如果有人告訴我，戰前有哪個小孩子敢跳進河中戲水，我一定不相信。

那霸的真和志地區位於河川的中游河段，這裡的小溝也沒有加裝孔蓋，任憑水流在住宅區裡洄流。循著它的流向散步，最後將會追溯到水源的出處。

這一帶在戰後有來自沖繩各地的居民遷入（多來自北部，例如三原、繁多川等地），而隨著住宅愈來愈密集，河川的支流也被隱藏在住家之間。

包含寄宮、與儀在內的真和志地區，地處我部川中游河段，這裡還勉強保留著河川的樣貌，只有三面加裝混凝土蓋的部分河段，看起來比較像大排水溝。本來以水泥鞏固河渠的目的是要治水，未料卻更強化了它作為排水溝的功能。

小溝沿著道路流過，成為住宅區底下的暗渠，接著再流入與儀公園裡的我部川支流，至此總算重見天日。河岸上種植著成排櫻花道，二月時固定會舉辦煙火祭典。眺望著清淺的河面，未受污染的水中魚群攢動，看來是鯽魚。我想這就是現在最能代表那霸的自然景觀了。

過了此處，我部川會繼續流過姬百合通的下方，經過與儀農連市場，然後照例沒入水上店鋪的下方。

我在與儀十字路口凝望的那條水道，大概也是通往我部川的支流吧？我實在無法推想這些水流究竟是怎麼連接的，但是，再仔細定睛一看，水道的上方確實有橋，只是橋身被柏油路擋住了。這裡果然是條河。沒有被全然遮蓋，卻也為世人所遺忘的這條小河，不知它本來叫什麼名字呢？

無名小河與無名小橋。

「街痣」的記憶

我老家就位於那霸人常說的「開南」一帶。戰後這裡曾發展出最早的黑市，走到牧志公設市場、平和通，也不過五分鐘的腳程而已，住起來挺便利的。

有時撥電話陪獨自住在老家的母親閒聊，她不經意的一句「『賣店』的老婆婆，最近剛走」，總是倏地又把我拉回往昔。沉睡在心底多年的記憶，軟綿綿地甦醒了過來。母親口中的「賣店」，指的就是雜貨店。

還在讀小學的時候，老家附近的丁字路上商店林立，有小町屋（日用雜貨店）、一錢町屋（零食糖果鋪）、刺身屋（鮮魚店）、酒鋪兼營的床屋（男士理容院）和藥房等等。光是小町屋即有三間之多，而且唯獨它被喚作「賣店」，別的商店就仍用本名。我本來以為「賣店」是這類店鋪的古老稱謂（後來多方調查得知，「賣店」在美軍統治期間意指「米行」）。公車行經的路線上，當然也能找到一應俱全的市場，但本地居民平時只消到附近的小町屋裡逛逛，就足以張羅到所需的食材與日用品了。青菜、豆腐、麵麩、白米、鮪魚或燉牛肉、豬肉罐頭、飲料，甚至冰淇淋蛋糕！那個年代，超市或便利商店還沒發明出來呢。

母親憶起我上小學前的糗事——若不是她提及，我早忘得一乾二淨了。她說我獨自一人走到賣店前面，瞧見店家剛從豆腐箱中拿出、靜置於門口砧板上待售的島豆腐（由老闆分切成小塊後再賣給客人），竟然伸手抓取一把豆腐，大吃特吃起來。事後母親到店裡付了錢。這麼說起來，我在準備炒島豆腐時，總是慣性的先剝下小塊豆腐品嚐，想必是難忘幼時偷吃豆腐的滋味吧！

住在這附近的主婦們，以前就常到小町屋裡串門子，到這家店買幾顆雞蛋、到那家店買幾把青菜，這樣完成了採買。所以小町屋的鋪面雖然極為迷你，生意上倒也能維持共存共榮的氣象。那霸的小型經濟圈，便是在街角上逐漸形成的。進入社會工作之後，我慢慢遺忘了賣店的存在，到了「平成」年代，這些賣店的規模又更加縮小，隨即一家接著一家關門。婚後我從老家搬到首里，多虧母親的一番話，讓我想起數十年不見的賣店老婆婆。

從前只要幾家小町屋，即可讓家家戶戶變化出每日菜色。但是當便利商店、超市，甚至大型購物商場也進駐那霸郊區後，一間約可供應三十個家庭食材的小町屋，不得不安靜消失。那些分散在住宅區的鮮魚店，也許不免步上其後塵吧？底下引一段前人描寫的那霸小町屋，讀者或可明瞭它極盛時的光景：

> 住宅區當中有一種小型的賣店，通常和住家相距僅五分鐘路程。店鋪坪數很小，多半是把家中的房間或玄關，改造為作生意的場所。這麼一來，開店的老婆婆就無須時刻守候在櫃檯前，而可以坐在與店鋪連通的客廳裡了。香蕉串也是隨意地用麻繩掛起來賣。

其實，我在真和志地區的松川公車亭旁邊，看過文中形容的小町屋（因為路幅極窄，店門與公車亭幾已融為一體）。有時搭公車通勤，經過店門口前，眺望著店家垂掛而下的香蕉串，心裡不知不覺就會沉靜下來。對我而言，小町屋宛如「街痣」一樣，因為多了這顆小痣，使整條街都增添迷人的情調。我本來打算那天去拍下小町屋佇立於街邊一隅的照片，無奈去年底再來時，它的玄關已經被木條封住，看來是結束營業了。不知店主何以決定把店鋪收起來，但是更令我意外而震驚的是，它那無法再供人進出的模樣。

我彷彿再次撞見了街角記憶被封印的那一瞬間。

松川公車亭。被封住的小町屋。

與儀市場通。

闖入荒廢日久的墓區

因為某個偶然的機會，我在傍晚獨自走進了那霸的小巷弄裡。當時尚未入夜，而是日暮西沉，街燈和家家戶戶的室內燈，一盞盞地點亮街道的時分……請想像一下初夏傍晚七點半、八點時的天色。由於一時興起，所以也沒有特定的目的地，只是想舒展舒展筋骨，聊以打發時間罷了。等到我察覺的時候，已經走到小學時代經常走的那條小路上。從家裡散步到學校僅十五分鐘，這段距離就跟我小時候、沖繩仍未回歸日本當時，所走的路程差不多。但今晚我卻好像闖入禁區，感覺到特別異樣的氣氛。我從小巷穿出去，然後越過馬路走到對面，那裡久已非我的地盤。矗立於路旁的「開南天主教堂」如同醒目的界標，這座宏偉的教堂歷史悠久，但每當抬頭看見被聚光燈打亮的聖母瑪莉亞雕像時，不知道為什麼，心裡總有些毛毛的。

我走入二十幾年來未曾踏入的教堂旁小巷。其實這條細巷沒什麼特別的，我猜盡頭可能被封住了，沒有想到還是如同往昔一樣能通往外面的街道。路旁蓋了成排的宅邸，奇怪的是，裡面都沒有人居住。

我又走回馬路上。這條路在從前是通往「監獄」的路——這可不是暗喻喲，而是貨真價實的「沖繩監獄」。恐怕有人會疑惑，為什麼讓監獄蓋在小學的旁邊呢？其實這座監獄甫於戰前建造完成時，旁邊還是一望無際的農田及墳墓，附近並無人居。戰後，才相繼有住家出現，監獄四周始形成密集住宅區。一九七九年以前，這座監獄裡面，有一整排間隔相等、支撐著磚牆的基柱。學生們放學後都會跑到這裡，撿拾地上的小石子，比賽看誰能丟中招牌，丟中的人，就能前進一根柱子。現在街旁老樹成蔭，樹幹在空中連成綠色隧道，即使是白天也透不進光線。早年，此地一片光禿，總是砂塵滾滾，在收容罪犯的監獄原址上，後來才蓋了供市民休憩的公園，營造成截然不同的空間。街燈緊挨著樹木，暈黃的光線照著地面，這條路在晚間通常沒人會走，今天大概也是如此。

我穿過馬路，走到對面的人工步道，由此可通往城岳公園。這條步道在我小的時候還沒有鋪設，在我的印象中，這條路以前都是墳墓。平坦的登山步道旁有幾間暴露了生活樣相的鐵皮屋，彷彿是電影中刻意設置的場景，這些鐵皮屋狼狽地站在路旁，囁嚅低語：「……本不該如此出現在你面前的。這條小巷

樋川附近，距離老家不遠。

開南天主教堂。

弄很隱密，少有人會走進來撞見我的樣子，沒想到自從公園改建之後……。」

我兒時居住的房子都是蓋成這種格局。城岳公園的山坡上，一座座的墳墓蔓延成墓區，圍滿了整個山丘。它們在這個夜裡應該依舊安在吧？現在我所行走的楚邊[1]這一帶，是墓地與住宅共存共榮的地區，公寓大廈的旁邊就有一座龜甲墓[2]。如果墓前設有「庭院」，那麼前來祭奠先人的親屬就會在清明節時，於這塊神聖區域內鋪上藍色地墊、共享寒食。這塊庭院的功能類似都市裡的臨時停車場，充分利用了墓地的清涼。

我走到楚邊通往壺川的斜坡路上，離上學的那條路愈來愈遠了。對於已是成年人的我來說，這一帶宛如異境。隔著道路，右手邊是住宅區，左手邊是暗謐森林中排列的墓群。那霸有森林什麼的嗎？有。如果斜坡上植有綠樹，那裡頭八成還有墳墓。說是墳墓造就了那霸市的綠意也不為過。

穿過集合住宅區，眼前終於出現最初走進的那條小路。斜坡上是無止境的森林。好不容易循著車道向深處走去，裡面似乎有水澤，蛙鳴聲極其宏亮。夜之森林裡滿是青蛙的鼓譟，大合唱的聲響，愈來愈逼近耳邊，感覺好像要把我吞下去似的。儘管四周一片漆黑，看不清楚實際情形，不過我想，旁邊應當也有墳墓吧。

1 沖繩地名，位於沖繩縣讀谷村。
2 墳丘形如龜殼，沖繩境內常見，琉球王國時代僅士族階層能夠建造龜甲墓。

楚邊。從監獄回頭一看，就是法院。

楚邊。從整建完成的人工步道望去。

楚邊，墓地的庭院停車場。

楚邊和壺川之間。

那邊本來有家電影院

孩提時代，從我家的窗戶看出去，正好是電影院的大看板。鮮豔奪目的電影看板上，畫著日活[1]的電影，那時「候鳥系列」的黃金時代已過，而「浪漫情色電影」正流行。面向公車道的「開南琉映」，春夏秋冬基本上都是播映情色電影。我沒有看過裡面的電影（那時還是小學生），倒是在沖繩回歸日本前，經常到電影院旁邊的公共澡堂裡洗浴。

電影院有時也會播放適合兒童觀賞的片子，我還記得去過電影院幾次，印象最深刻的一部是日本版的《萬里尋母記》，片名是《我今年五歲》。當時我還在讀小學低年級，很能體會主角獨自浪跡北海道，只為尋找母親下落的心情。

後來，公共澡堂不知何時關閉了。臨街轉角築起一堵乏味的灰牆，遮掩著電影院的情色看板。儘管如此，每逢下雨的日子，那家街角電影院還是會飄散出酸餿的氣息。不知道那股怪味是怎麼來的？

「開南琉映」是何時消失的，我完全沒有印象了。但是它在八〇年代後期仍

1　日活株氏會社，為日本老牌電影製作公司。「日活」為創立時的名稱「日本活動寫真株氏會社」之簡稱。

會播放電影。我第一次看《機動戰士鋼彈》就是在這裡看的。電影院歇業後，留下建築物在原地，直到最近才改建為大廈。

那霸曾經是個電影院城鎮。戰後，沖繩戲劇於一九五〇年代勃興，不單那霸本地，沖繩各地劇場亦如百花齊綻，後來多半挪做電影院之用了。我記憶中的那霸電影院，有幾家都走過這麼一段興衰的歷史。

國際通對面的電影院一號館，通常會上映最新的院線片。規模較小的二號館、三號館，也都坐落坐落在這一帶，這些電影院裡充滿了我成長的回憶。

例如在前島河岸上的「若松國映」看李小龍功夫片的事。那段時日，各家電影院的播映片單上都有李小龍的名字。若松舊址，現已一變而為都市飯店了。國際通最末端的三岔路上也有一家「安里琉映」，說到這家電影院，我就想起原田知世主演的《穿越時空的少女》、藥師丸博子演的《W的悲劇》，還有沖繩本地導演高嶺剛的作品《運玉義留》[2]，我在映後見面會上見到了戶川純本人。那裡現在已改建為公寓大樓了。

我上班的事務所附近，距離寄宮十字路不遠處也有一家電影院。當初聽說有電影院開在此處，第一時間，竟先冒出「怎麼會選在這麼單調無聊的社區」的

2 高嶺剛（一九四八至今），日本電影導演，生於沖繩縣石垣島，作品多以沖繩為主題。代表作有 *Paradise View*、《運玉義留》等。

這棟建築物以前就是寄宮國映，此處為正門。

沖繩早期電影院的詳細資料，可參考《沖繩夢幻電影院》（平良龍次、當間早志〔NPO 法人 Cinema-Lab 突貫小僧〕著）。

想法。不過，這一帶在和從前的那霸市合併前，是真和志村的行政辦公中心，過去也發展出商店街的規模。仔細逛一圈，還是會發現曾經繁榮的蛛絲馬跡。

這家電影院的建築物並未遭到拆除，現在是家補習班。但我記得十年前左右，那裡本來是家助產所。那幢建築物的裡邊，確實就如電影院應該具備的規格，挑高的天花板足以容納得下大螢幕。電影院名為「寄宮國映」，沿用街道的稱呼，這算是取得不錯的。但，它到底是什麼時候開張的呢？習慣有這家電影院之後，附近的人乾脆把院前的道路，稱作「寄宮國映通」了。如今搭乘計程車時，只消說「請載我去寄宮國映通」，司機泰半都聽得懂。（這一帶還有別的電影院，像是「寄宮琉映」、「曙光劇場」。）

沖繩最古老且聞名的電影院「首里劇場」，現在還繼續在首里上映新片（當然都是成人電影！）。靠近鳥堀十字路、咲元酒造廠對面的「有樂座」電影院舊址，則已闢為銀行專用停車場，我能夠想像那裡曾有過電影院。那一帶是整齊安靜的住宅區，街角邊仍保留了昔日繁榮興盛的氣氛，只不過，那會是電影院猶然佇立街角時的氣氛嗎？還是僅徒留香氣而已？

從前從前，到處都有電影院。

消失了的首里美人樹

打從出生以來，我就和家人住在那霸的開南。結婚後，藉尋覓新居的機會才搬到了首里。倒不盡然是由於嚮往，只是想在這一帶住住看。從那霸市內地勢最低的牧志市場周圍望去，位於高台上的首里有著很不一樣的景觀。

首里現在雖然合併為那霸市的區劃，但那霸還是那霸、首里仍是首里。大學時代，家住首里的同輩友人經常都說「下那霸」，後來我總算明白了，原來是首里從高處俯瞰著那霸的緣故。

我與妻子租賃的中古平房約建於昭和四〇年代，格局是2LDK，包括兩間臥室、客廳、餐廳、廚房，水泥瓦屋頂，是首里普遍常見的住居樣式。住了七、八年後，房東在整修屋頂時，順便把瓦片漆成白色，多虧這醒目的外觀，坐在單軌電車上憑窗眺望，很快就能認出我家的位置。

當初搬來時，門前庭院本來有間塑膠溫室，房東栽培了芒果樹，盡頭處也有幾叢香蕉。還有一株木瓜樹，從對面格局相仿的出租平房夾縫中無拘無束地長了出來。主要道路附近的停車場內，則長滿了福木、香檬之類的樹，裡面出乎意料的安靜，每到半夜，聽得見狐蝠在樹上啃著果實，發出咔咔咔的響聲。

我家的停車場旁有條小溪（現在其實是條排水溝了），溪旁設有近代琉球王國的偉人——「組踊之祖」玉城朝薰的產井紀念碑[1]，沿著小溪繼續走，會經過一條古老的碎石板路。這段路並沒有改鋪為觀光步道，石板僅延續數公尺長，白天也稍顯晦暗，彷彿是被遺棄在那裡似的，這是我私心鍾愛的首里地景。

鄰居（房東是同一位）的庭院裡，有一株厚實壯碩的美人樹，枝上會冒出細碎的綠芽，白花結出葫蘆形狀的果實，有時狂風吹得花瓣如空中亂舞的棉絮，我喜歡觀察她在四季的變化。但後來這株美人樹愈長愈龐大，連自己都支撐不住，某一年的颱風天，幾段枝椏根部被風拗折，樹幹也出現了觸目的裂縫。從那時以後，美人樹有好一段日子沒有再開花，似乎是為蓄積重生的力量而靜默著。去年，這株美人樹在沉寂多時後終於再次綻放，我暗自為其復原而欣喜，但隨即撲向此地的颱風又將樹枝吹斷，砸傷了鄰居家的屋頂。這一回她或許會倒下吧？鄰居顧慮危險，遂把美人樹由根部給鋸除了。我家那原本受到小森林蔭庇的停車場，頓時成了曝曬日頭的荒野。

1　嬰孩出生時，會汲取此處的水燒開、接生。

搬到首里又過幾個月，我們的孩子出世了。在孩子誕生前，我和妻子每晚都會到首里的街上去散步。美其名是陪她做產前運動，其實也是藉此之便，一探巷弄間的風景。

每到首里秋日豐年祭舉行前夕，就能看到村民在各地公民會館裡面練習旗頭的陣容。首里的村鎮是沿襲琉球王國時代即有的「首里○○町」來劃分的，各組匠心打造的華麗旗頭上，凝煉村鎮獨有的特色。儘管廢除了拔河儀式，但旗頭在每年一度的「首里文化祭」中，仍然持續扮演重要象徵。（「首里文化祭」是本地的習慣稱法，近來或稱「琉球王朝首里城祭」。）這場祭典很有看頭，不過，知道這場祭典的大概仍以本地人居多吧？我們夫婦倆，每天晚上便是在這旗頭練習的時段，一邊聽著鉦、太鼓與吆喝聲的出處，一邊出門散步。公民會館多半隱藏於巷弄迂曲的住宅區內，練習的響聲又來自四面八方，即使我們努力聽聲辨位，還是有過幾次迷路的經驗。

今年（二〇〇七年），我們一家搬離了這棟賃居十多年的平房，但是每當走到了這附近，我還是會懷想起那株美人樹搖曳變換的風姿。怎麼形容這種心情才好呢？也許，這就是我們那霸人所謂的「Nachikasan」[2]。

2 沖繩語，哀愁之意。

首里儀保町，現在已經消失了的美人樹。

市場裡曾有過書店

小學時代，我心目中那霸最熱鬧的大街，是從開南公車站穿過新榮通（現在的日出那霸商店街）之後，再往平和通走，於三越百貨前方、國際通入口處的煙草鋪街角轉彎，直通往國際購物中心為止的這一段路程。那時，常在開南公車站上下車、或是到牧志公設市場一帶走逛的人，大概也都是這麼想的。

年輕時我經常在街上的「Mitsuya 書店」、「安木屋」與「球陽堂書房」流連，這是那霸市裡屈指可數的三家書店，也是我重要的回憶。從家裡到書店的距離，由近而遠，依次是「新榮通」上的 Mitsuya 書店、「平和通」上的安木屋、「國際通」上的球陽堂書房。

但如今，這三條路上的書店都不在了。

升上中學以後，我比較常光顧 Mitsuya 書店。這家書店在我小學二、三年級時開張，新榮通上一整排低矮的木造店鋪當中，獨獨冒出這棟高達五層的新大樓，是當年唯一設有電梯的書店。一樓是雜誌、文具、雜貨區（甚至有黑膠唱片區），二樓是書籍，三樓擺著畫材，營造出書店百貨公司的氣氛。

還在讀小學時，我總是直奔二樓兒童書區，尋找POPLAR出版社的亞森．羅蘋、福爾摩斯探案推理小說來看。

我對學校圖書館不怎麼有印象，卻能憑著記憶，畫出Mitsuya書店二樓書架的分布圖。步上階梯以後（電梯不停二樓），右邊是一般書區，左側是兒童書區。上中學後，我喜歡徜徉在右側的文庫書區，隨意閱覽架上的本格推理小說，我是在這裡認識了「OYOYO總統」系列的作者小林信彥，也是打從買下文庫本《輕浮的建議》開始嗜讀吉行淳之介的作品。這些細瑣之事我至今仍記得清清楚楚，記憶真是不可思議的東西。

安木屋就坐落於平和通的正中央。這幢瘦長的三層樓建築裡面有座貫通各樓層的迴旋階梯。由於建築物比Mitsuya書店及球陽堂老舊，室內燈光亦較昏暗，不過三樓的參考書品項最為齊全，漫畫類的數量尤其多，小孩子們聚坐在店內，看得津津有味。然而不知何故，我總覺得自己不太能融入這裡的氣氛。

球陽堂書店開在國際購物中心的一樓，面向國際通，既明亮也寬敞。從高中到大學時期，我經常到這裡閒逛。通常跟朋友相約在一樓廣場，對面是A&W美式漢堡店，二樓有樂器行，三樓是保齡球館和電影院，還有地下美食街。這裡曾是「那霸的腹地」，雖然生意變得比較冷清了，但在當時是這條街的重心。

位處商業地帶的球陽堂書房，架上陳列著琳瑯滿目的雜誌和新書，非主流文化書籍相當豐富。

球陽堂分館位在購物中心二樓，店內選書迴然有別，譬諸 MISUZU 書房出版的哲學思潮系列、詩集，晚肇社的紀實文學作品等等，文藝氣息濃厚。我讀高中的年代常來二樓逛逛，雖然只看不買，卻是我很喜歡的地方。難得買了幾本回家閱讀的書，現在都收得好好的，例如 MISUZU 書房出版的《喜歡？喜歡？好喜歡？》，作者是R．D．連恩（Ronald David Laing）。這麼多年下來，走進球陽堂二樓的次數多不勝數，但大約只買過一次書吧？我對二樓的書店印象至今仍很深刻。

二十一世紀初，Mitsuya 書店先是把二樓空間封閉，接著臨時宣布倒店消息。早上店員才剛收到一批新書呢，怎知午後即將關門，真是讓人措手不及。我那時聽到書店要關閉，也覺得自己的童年時代要隨之葬送般，心頭湧起一陣寂寞。

平和通上的安木屋，不曉得是什麼時候悄然消失的，走在路上的行人也不若往日來得多了。

至於球陽堂，由於受到九〇年代經濟泡沫化波及，從國際購物中心退租後，在國際通上數度搬遷，最後進駐沖繩境內最大的購物商場，就在那霸新都心、歌町車站那附近。

如此看來，這幾家書店度過了那霸美好的今昔，也預示這座城市可能的未來。

Mitsuya 書店後來的模樣，現在是照護中心。

生鏽的體育館穹頂

每當坐在駕駛座上，望見窗外尋常的街景時，我總會倏地想起從前的回憶。但偏偏是本該有的景物消失了才想起來，而不是當它還在原地的時候。學校教室，便是一例。

我還在校園中到處亂晃的那幾年（約一九七〇年代），那霸市區正好在大興土木，汰換校舍。無論國中或高中，都是先拆毀舊的教室，再於原地起造新的教室或設置組合屋教室。由於沖繩島戰役將校園破壞殆盡，幾乎所有的教室都是在戰後重建的——差不多是三十年前左右吧，恰好隔了一個世代。

高一那年的暑假，這些在戰後由校內師生合力建造的低矮教室，終究因老朽而遭到拆除。雖說這些房子已經不堪使用，但我和友人仍不時偷偷潛入破舊的音樂教室玩樂，我點播樂曲，朋友隨性演奏。說也奇怪，每個班級裡面至少都會有一位擅長彈琴的男生，這究竟是為什麼呢？

那所高中裡面還有一座校友捐造的禮堂，但因日漸腐朽，在我高三上學年時毀壞了。禮堂的舞台上擺了一張祭壇般的矮桌，供奉著沖繩島戰役中犧牲的學生亡靈。我在校時參與過「三十三回忌」[1]，那年校方依據沖繩當地的慣例，把學生們的牌位處理掉了。（三十三回忌辰，相當於戰後又過了三十三年。）

幾年前，我收到小學母校的邀請，為五十週年校慶紀念集撰寫一篇散文。這本紀念集也收錄了其他畢業生，如拍攝《運玉義留》這部電影的導演高嶺剛、創作《風物語》的漫畫家比嘉慂[2]的散文；很榮幸能夠和這幾位傑出人士刊載於同冊。

說起這所小學，我就會想到它那堵厚實的石牆。學校正對面就是沖繩監獄，因此圍牆築得特別高，反倒跟監獄有點像了。總之，從校外完全無法窺看校園內的動靜。

當年的舊教室現在早就改換一新，石牆也不復存在，透過鐵絲網柵欄可以清楚望見校園。

然而舊日的模樣也不是消失得無影無跡，至少學校後面的那株細葉榕樹留了下來。那時校內都傳說榕樹上住著森之精靈，只要把樹根上隆起的小砂堆撥成階梯的形狀，隔天早晨就能看見踩過的小腳印……記得友人是這麼告訴我

1　日本佛教有在死者忌日後的特定日數、年數舉行法會的習俗，稱為「年忌法要」。忌日後滿三十二年，即第三十三個忌日舉行的法會，稱「三十三回忌」。

2　比嘉慂（一九五三至今），日本漫畫家，生於沖繩縣那霸市。代表作包括《砂之劍》、《風物語：風所訴說的沖繩島戰役》、《美童物語》等。

的。在那之後，又過了三十多年，但不變的是，細葉榕樹繁盛依然。至於森之精靈是否還在那裡，我就不怎麼清楚了。

還有一樣物事沒有改變，就是我讀小學一年級時，剛蓋好的體育館。圓形的穹頂，典型的體育館設計，好像我兒時最喜歡的雷鳥二號。猶記得小時候抬頭望向體育館穹頂之際，六年級的學長姐偏不巧在學藝會舞台上奏出披頭四的〈Let it be〉，嚇得我一身冷汗，學生間總是流傳這一帶從前是墳場，每到晚間就會傳出奇怪的聲音……。

最近，從遠遠望去就能注意到體育館穹頂鏽蝕的痕跡，也算是別有一番風情。發現當時我就暗自決定，一定要在專欄裡面寫一篇體育館的回憶。然而才剛作此想，這幾天我如同往常開車經過那所小學旁邊時，竟發現體育館不見了，大概是拆掉了吧。小學畢業之後，我就沒有再踏入那棟體育館。仔細算算，都有四十年了呢……。

那霸並沒有把戰後的記憶託付給任何一座建築物，總是任憑建築物老舊了、生出鏽斑了，最後再做打算。那霸的小鎮上還有許多生鏽的體育館穹頂，如同當年學生們唱的那句「Let it be」，今後，大概真的只能聽天由命了。

楚邊，新蓋的小學體育館。

真和志，小學體育館生鏽的穹頂。

崖上的那霸（Nahwa）[1]

很久很久以前，有一座島，人們都喚它為「那霸」。在十五世紀朝鮮王國繪製的〈琉球王國圖〉——這幅公認最古老的琉球地圖上，清楚地標示出這座小島的位置，就在離沖繩不遠的海上，相當於今天的安里川、我部川河口一帶。由於它地處淡水水域，海底不易生成珊瑚，具備了天然良港的條件，琉球王國在首里築城以後，便在這座名為「那霸」的島嶼上設置通商口岸，並在舟筏通行的河道上方造橋鋪路，岸邊的潟湖與泥灘也日漸填平了。直至十九世紀，那霸與沖繩兩島終於完全連成一塊，但明治政府仍未停止填海造陸的工程，使得那霸的自然海岸線在今天幾乎不復可見。

分布於島嶼沿岸的西町、東町、若狹町、久米町等地，在戰前都屬於那霸市的中心區域。這一帶不僅擁有商港、也有市場，繁華熱鬧的大街與市政辦公中心巧妙地融合一氣。然而，在美軍猛烈的砲火攻擊下，昔日的街道景觀悉數化作灰燼。於是，美軍在正式占領那霸之後，便將市中心移往當時的對岸去發

1 Nahwa是沖繩語，指尚未與首里市、真和志市、小祿村合併以前的舊那霸市區。以上參考琉球大學沖繩言語研究中心「首里・那霸方言音聲資料庫」。

展，現在已經沒有多少人曉得那霸曾經是「浮島」了……。不過話又說回來，最近我在那霸街頭上閒晃時想到，或許就是如此，我們才更需要重新認識「那霸本來是座島」的事實。

如同我在專欄上寫過的：只要循著那霸市內的河流走一遭，就會發現河流還兼具有排水道的功能。那霸市內的水源是從首里、識名等丘陵地帶流向市區的，起初雖然迂曲，然而到姬百合通、國際通那一帶便轉為筆直，逕流入海。

泰半是當初在填埋浮島和沖繩島之間的陸地時，所挖掘出的河道吧？換句話說，筆直的河道附近，就是從前的海岸線。

聽說那霸市內名為「前島」、「泉崎」的這幾個地方，過去就是小島及海角。我在那周圍隨意散步的時候，也會試著想像海上的樣子，或者說，我會刻意地把這一帶幻想成海洋。一旦任由想像力奔馳，眼前就會出現更美的景致，甚至看見了海岸的岩崖景觀。

沖繩海岸的琉球石灰岩在海浪的拍打、侵蝕之下，逐漸形成剜空的石崖或像似蘑菇的岩塊。這種地形又叫做「海蝕凹壁」（notch）——唔，我可不是在說我們那位模仿美國總統的搞笑藝人Nocchi喲！[2]總之，如果在內陸發現這類

2　日本搞笑藝人Nocchi，因二〇〇八年美國總統大選期間模仿歐巴馬而聲名大噪。其藝名與海蝕凹壁的日文讀音相同。

怪石，大概就可以斷定此處曾經是海岸線了。

那霸旅行指南經常會介紹公車轉運站旁的「仲島大石」，或是若狹集合住宅區附近公園裡的「夫婦岩」。這兩處以前都靠海，如今也保留著海岸的風景。那麼，內陸地區原本又是什麼景象呢？

我曾經抬頭仔細觀察過那霸高中對面的「城岳公園」裡的峭崖，以及平和通深處的「希望之丘公園」中的石崖，在積滿泥土與青苔的岩塊上，果然都還留有海蝕的痕跡；奇怪的岩石形狀，說明了它在遠古時期必是臨海地區；此外，它們現在突兀屹立的姿態，不正像是突出於海面上的「海角」嗎？最令人玩味的是，這裡的居民都在這裡設立了祭拜神靈的「拜所」，而沖繩人自古以來，就有在海角盡頭舉行祭儀的習慣。

那霸（讀作 Napa 或 Nahwa）曾經是「浮島」，而且，據說早在琉球王國成立以前，島民就與周邊諸國建立了邦交。不知道那時的沖繩人是帶著什麼樣的心情，觀望著對面這座那霸島的呢？我登上海角的遺跡，憑空而眺，卻連本來的海面也見不到了。

牧志，希望之丘公園的石崖。

奧武山的歷史介紹看板，寫著「現在的那霸曾經是浮島」。

倒退划向那霸城鎮

二〇一一～二〇一四

此刻，我正踩著自行車，在那霸的小鎮上漫遊。

我從國場川旁邊疾馳而過，海風吹起了陣陣波漪，遠方即是奧武山離島。我奮力地踩著踏板，朝河口的明治橋前進。

抵達橋頭以後，我俯瞰與國場川匯合的久茂地川運河。欄杆的另一端繫著幾艘小舟，正隨著波流輕輕搖晃。

接著，我穿過國道五十八號，前往另一側的那霸港。這條國道是在二〇〇九年開通的，離碼頭不遠，和美軍軍港附近的御物城[1]也僅有咫尺之距。

這裡便是我所鍾愛的那霸小鎮的起點。

那霸小鎮，也就是指舊那霸。在尚未受到戰火摧殘之時，那霸在行政上劃分為「町」，我總覺得這幾個字搭配得很合襯。那時的「町」相當於現在的「市」。

那霸在很久以前，曾經是個擁有港口與城市的離島。這個名喚為「浮島」的國際港都，至今已有長達四、五百年悠久的歷史。但是，此地卻失去了後人可憑藉追想往日風光的地貌與景觀。

也許只剩下「西町」、「東町」的「町」字，還稍稍保留了歷史的餘韻，而別具一番意義。

1 御物城為十五世紀時，琉球王國首里王府建造的寶物庫，用來放置海外貿易品。明治時期成為高級料亭開設場所，戰後則變成美軍軍事設施。

那霸在歷史上的確是座小島。然而僅憑著字面上的歷史事實，我們依舊難以還原她過去的模樣。從琉球時代、近代以降，那霸島是在無數次的填埋之後才成為今天的樣子。那麼，這座島嶼的邊界，究竟該怎麼界定才算數呢？

雖然無法憑著肉眼辨識，但是當我騎著自行車在那霸這一帶閒晃時，隱隱約約還是能透過路面感受島嶼的邊界——平坦的區域，多半都是後來填埋的。道路很平坦，坡道卻不然；騎自行車時不特別感到吃力的路段，應該就是新填的路面，說的更明白些，即國際通到久茂地川為止的那一段路是後來填上的，那裡就是沖繩原始的海岸線。以那條線為起點，一直騎到今天的海邊，就是那霸浮島真正的範圍。

我沿著那霸市內的幾條河流騎自行車兜風，然後穿過國道五十八號——事實上，這是渡過了從前的海洋，去到從前的那霸島上。以前人們習慣划船到對岸，現在我也好比是「划」自行車渡海。想要抵達心目中的那霸城鎮，必得先有如此這般狂妄的幻想才行。

這十多年來，我為了觀察那霸戰後的變化，經常遊走在那霸的小巷弄中。而今，我試圖尋訪那座曾經存在的島嶼和已然消失的小鎮，也是懷著相同的心情。

壺川吼吼

聽說像我這樣隨意騎著自行車、東繞西逛的玩法，叫「慢旅」。

假如我這麼形容自己：「我總是一邊幻想古時候的那霸浮島模樣，一邊騎著自行車到處亂晃啊，啁呵呵……。」準會被看作是在街頭遊蕩的怪叔叔吧？看來得換個說法，比如說：「週末的時候，我最喜歡到那霸去『慢旅』。」這麼說清新多了。而且「慢」的發音，正好跟漫不經心的「漫」字雙關，豈不妙哉！

在正式出發前往回憶裡的小鎮、小島、海岸與河濱晃蕩之前，必須先對當地有個基本的認識。

我較常參考的是沖繩歷史學家東恩納寛惇撰寫的《南島風土記》。這本沖繩、奄美地名事典在昭和二十五年首次出版，對於三十年前那霸周邊的地名和歷史事件，都有詳盡的紀錄。所以，我乾脆就把它當成旅遊手冊，隨身攜帶。

雖然書中不乏艱澀難懂的漢字及歷史文獻，但多少有助於揣想那個年代的氣氛。比起晚近才出版的旅遊書籍，更加耐人尋味。

書裡描寫了許多景觀或習俗，今天大多都見不到了。譬如「壺川吼吼」的習俗，我以前也沒有聽過。這項習俗，早先流行於那霸的壺川一帶。各位不妨先在腦海中想像單軌電車壺川站、壺川漁港周邊的風景，乃至於奧武山對岸的漫湖河口景觀。

從前，住在壺川這一帶的居民，通常會到河口去捕魚。湖面上有幾艘並排的小船。趁著漲潮時分，漁夫們奮力地揮動船槳，一邊吆喝，一邊划水急行。

忽然間，一大群魚凌空躍出了水面，落到甲板上。這是一種驅獵捕魚法，漁夫會在行進時發出「吼——吼——」的雄渾吆喝聲，以達到驚嚇的目的。

這幅情景曾經是那霸的名景之一，也稱為「壺川吼吼」。為了極盡所能發出洪亮的聲響，自然便形成了「吼——吼——」的吆喝聲。

我從小對「壺川」的印象就很模糊，老實說，不太清楚它確切位在何處，也不知道以前是不是漁村。原來，壺川河口自古就是個魚群騰躍、漁獲量豐富的漁場呀。我其實挺享受像現在這樣，望著某個地點，對於它被人遺忘的身世，浮想聯翩。

這可不是安靜地「哦、哦」點個頭而已。今後搭都市單軌電車經過壺川站時，我一定要朝著漫湖大喊兩聲：「吼——吼——」……這當然是說著玩的。不過，在壺川沿岸散步之際，我總是感動於今天的壺川漁港所傳承的歷史意義，偶爾也能見到魚隻飛躍到半空中的畫面呢！

前幾天我剛好看到旅遊節目在介紹九州（？）的驅獵捕魚法，當地的漁夫喊的是「啲——啲——」，我不禁懷疑，這會不會是「吼吼」的另一種版本。說不定這種吆喝的聲響，早就發展出廣大的文化圈了。

壺川，國場川河口處。

走過松川橋

我現在的住處，就位於首里的聖地「弁之嶽」的山腳下。每年都會有灰面鵟飛來這座林子過冬，說它是山腳似不為過。弁之嶽是那霸市內地勢最高之處，只消踩上自行車，咻地一逕往下滑，即可到達鎮上。首里境內的坡地很多，去市區是順暢無比，至於回家的時候嘛……。

首里高中後門那條綾門通（綾門大道）以前本來是條大街，過了這條街之後，路面忽而轉為陡坡，從觀音堂、都飯店直至松川之間，沿途都能聽見「唧——唧——」此起彼落的煞車聲。這條大街在琉球王國的時代就已經開闢了，所以，它也是條歷史悠久的古道。

中國的冊封使、美國的培里艦隊，還有日本派來執行「琉球處分」[1]的官員松田，都曾走過這條路。

松川在古代即是連結那霸與首里的交通要道，當然，這是拜安里川和真嘉比川在此處匯合所賜。以前的戎克船應該是由那霸的泊港入港，然後航行至這

1 琉球處分，指1872年至1879年期間，日本明治政府廢除琉球藩、設置沖繩縣等事件。

一帶的茶湯崎橋附近；可是現在呢，不但看不見船隻航行在河上的景觀，就連河道本身，也隱沒在住宅區的下方。

不過，如果騎著自行車，沿著河邊溯源的話，偶爾還是會有新的發現。例如那些蜿蜒的河道，很可能就是未經人工修整的原始河道，也就是說，此處的地景應該與古人所見無異……不知道讀到這裡時，你的心裡會不會也跟著揪緊呢？

騎到狹窄的單向車道之後，很快就會發現一座「指歸橋」，橋下便是兩條河川的交匯之處。

在《琉球王國由來記》等古文獻中，記載了妖怪出沒於橋畔、迷惑行人的傳說。這裡的住宅都挨著河道而建，不似那霸市內那些被當成排水道的小河，整體的氣氛也很不一樣。

我下車觀看橋下河川的動靜，這才發現到欄杆上繫著紅繩。難道，這就是傳說中的人面牛身妖怪的傑作嗎……？再仔細一看，每條垂墜的細繩都接觸了河面。這一定是附近的孩子玩釣魚遊戲留下的繩子。

將目光移往河上，有一隻看似白鷺鷥的野鳥正佇立於狹窄的河床，紋風不動地盯著水面瞧。牠那副認真的姿態，看來就知道是在覓食。我觀察了一會兒——果不其然，牠從河裡叼出了小魚。

我多半會在下午一點多時，像今天這樣出門閒晃，一邊踩著自行車，一邊幻想著舊時那霸小鎮的風景。當我騎到指歸橋的紅繩欄杆旁邊，準備返回首里時，通常已是下午五點多了。

轉頭看看河面……那隻白鷺鷥還站在原地，姿勢好像一點兒也沒變。莫非已經被妖怪給迷惑了？

趁著夕陽餘暉尚未落下，我朝著首里的山坡，飛也似地疾馳回家。

松川，指歸橋。

不復存在的海角之旅　浮繩嶽

經過長達好幾世紀的填埋工事，那霸的地景已經跟過去大不相同了。儘管無法再見到從前的風景，但原始的地形仍然保存了下來，只要從中發現了一點蛛絲馬跡，我的心臟就會興奮的撲通撲通直跳。

突出的尖端是那霸古地形的特徵之一，簡言之，就是海角地形。這裡多半能夠找到奉祀神明或神物的遺跡，因為那霸人視海角為連結人與神的聖地。那霸海邊的神社，又以「波上宮」最常見。但由於從前的海岸或河岸大多都已填為陸地，光是憑著肉眼，早就看不出海陸的交界了。譬如在安里的崇元寺通附近，有一處名為「浮繩嶽」的地方，過去原是祭拜的場所。有的人把這三個漢字讀成「烏奇納努・烏剛」的音，也有人直接讀作「沖繩之嶽」[1]。我是在對照古地形圖時，才領悟出命名的由來——原來它恰好就位於崇元寺的東南方、安里川畔突出的小山丘上，也就是說，這裡曾經是海角。

反正，把它取名為「沖繩」（浮繩）什麼「嶽」的就對了。此處的古地名是

1　「浮繩嶽」和「沖繩之嶽」的日文讀音相同。

安里，浮繩嶽。

「浮繩美御嶽」，據說「『美』、『御』二字僅適用於王宮貴族，由此可知，它不是個普通的地方」（根據東恩納寬惇《南島風土記》記載）。

從前，如果站在安里川的河口處，前方應是一望無際的海面，面向浮島那霸時，所見到的這片內海、潟湖，必然也很寬闊。倘若當時的人把腳下所踏的地方叫做「沖繩」，那麼，對岸就不可能也叫做「沖繩」了，不是嗎？……我任由腦中的幻想無限擴張，無論如何，還是先騎自行車到從前的那霸島上再說吧。

若以今天的地理位置來描述，那麼古代那霸島的起始點，大約就是從新都心、歌町和崇元寺通之間的那條大道的路口，到牧志Maxvalu超市之間的這塊區域。我形容得這麼模糊，大家怎麼找得到呢？其實只要騎到路口，在那兒等紅綠燈的時候，一定會發現有間紅屋頂的小祠。這麼明顯的標的物，即使是開車經過，也能遠遠瞥見。哦，對了，這麼說來，自從馬路拓寬之後，浮繩嶽在豔陽之下似乎變得比較小巧玲瓏。走到近處一看，在稍高處確實有座寺廟。這裡果然就是河口的海角，它的後方是一片小森林，長年守護著這座御嶽。山上樹木疏寥，但仍不失「森御嶽」的美名。即使四周圍繞著公寓或大樓，那片綠意依然散發出幽深靜謐的氣息，教人心馳神往。

參拜（合掌祈禱）過後，我站在海角的舊址上，眺望從前的內海。現在除了電車軌道、馬路之外，也沒別的了。對岸就是現在的牧志公園，其實在公園裡面也能找到御嶽和海角的遺跡——我忽然明白了「那霸大地潛水者」[2]的心情。

2　大地潛水者（earth diver）是海洋創世神話的主角之一，相傳天神曾差遣大地潛水者潛入海中，搬運泥土修固大地。

町家舊址

海洋既供應了豐富的資源，也潛藏著預料不及的天災。今年（二〇一一年）春天，我照例騎著自行車，一邊追想戰前的光景，一邊在那霸小鎮上閒晃；想到這裡本來是座島嶼，倘若發生了海嘯，不知該是什麼景況。

那霸浮島曾經憑藉著天然良港的條件，發展為繁榮的港町，擁有自己的歷史記憶。然而，這一切的積累，卻在一九四四年十月十日美國空軍的砲擊下化為烏有。這起事件即歷史上的「十十空襲」。從當時美軍拍攝的空照圖中，可以看見戰後的那霸市區建築物全數都被夷平，猶如廢墟般的光景。那彷彿就是日本東北沿海市鎮歷經強震、海嘯沖毀後餘留的市貌。我總覺得，那霸這塊小地方，隨時都有消滅的可能，也因此特別珍視眼前尚存的景色。

我在那霸到處走逛的時候也發現了不少新鮮的景象。雖然慢旅的目的，主要是想感受一下那霸的戰前遺跡，不過，先前所累積的許多知識，確實也為這趟探索之旅增添了更多的樂趣。每一次小小的發現，都好像是首次偉大的發現般充滿驚喜。舉個例子來說吧。

現在的東町郵局、那霸市醫師會大樓那一帶，相當於古代的那霸市中心。中國冊封使下榻的「天使館」、那霸四町[1]的政府行政機關「親見世」[2]，還有戰前的那霸市政府、警察署，甚至是山形屋百貨都集中設置在此區，可說是政治和商業的樞紐地帶。不過，今天已經感受不到當時的氣氛了。多虧了那霸市政府在路傍設立的歷史沿革告示板，人們才注意到這一帶曾經是那霸重要的歷史遺跡。

有一天我騎車來這裡閒晃，在某處停車場的角落，發現一塊私人設立的告示板，開頭寫著：「此地為明視堂町家舊址。」根據上面的敘述，屋主向來秉持「愛家為國」的信念，努力經營這家商店。而且，他還製作了許多二宮金次郎的銅像，作為「努力的結晶」，致贈給那霸市內所有的小學，並提供獎學金補助商業學校的學生。然而「自昭和十九年十月十日空襲過後，這家商店毀於一旦，人員亦流離四散」。為了避難，人們只得各自另覓他處落腳，戰爭落幕後，原有的店家也沒再能重建起來。時光荏苒，直到多年以後，在山下惠三（屋主？）的五十周年忌那天，當年受其恩澤的員工不約而同出現了，「為了感念一

1　西町、東町、若狹町、泉崎町。
2　琉球王國設置的外貿單位。

生樂善好施的山下先生」、「我們在此重聚，流淚追想昔時的輝煌」。署於平成五年十月二十七日。

這塊告示板也是一道重要的印記。因為它的存在，讓這座久已消失的城鎮，恢復了生活的氣息。

昔この地に明視堂なる町家あり。
さても直心の人々すぐってこの店
に集い親の為世の為
「ハタラケ　トキワ　カネナリ」
を一から十まで符諜に切瑳琢磨し
商道に汗を流す、その結晶が那覇
市内全小学校に二宮金次郎少年が
薪を背負って本を読む八つの銅像
となり童心を励まし那覇市立商業
学校にては奨学資金を又大典寺境
内に万人墓となり寄辺なき人々の
魂を弔いしも昭和十九年十月十日
の空襲により店は消失し人々は戦
線に四散す。時は移り今は功名一
時の叢となるも山下恵三知愚居士
の喩せる善楽一生の快さは各人の
胸より消えず氏の五十年祭を期し
ここに再会しきらめきし往時を語
らい泪す。
平成五年十月二十七日
浜田清二　町田　稔　森田清三
浜田ハマ　山下秋男　荻堂盛進
町田ミエ　外山貞男　田中康男

東町，明視堂後方。

明視堂
電話
五拾六番
明視堂

戰前的明視堂（那霸市歷史博物館提供）。

橋上的妖怪「仲西嘿」

那霸從前是小小的浮島，經過長時間的填海工事之後，當年位於河口潟湖的小島及礁岩如今已連成陸地，而過去在海岸線附近的奇石及泥灘，則掩蓋於道路及建築物的下方。然而，由「前島」、「泊」、「泉崎」、「仲島」等地名不難想見，這些地方在過去應該都是淺灘上的小礁。

而且，在這些小礁之間，應該也都架有橋樑。譬如現在大家都知道的泊高橋、崇元寺橋、泉崎橋、美榮橋，過去即是通往那霸浮島的橋樑。那霸可說是個橋樑遍布的都市。

> 在日文裡面，「橋」（Hashi）這個字的發音與「末端」（Hashikko 或 Hajikko）的「端」字相同，都是表示離中心最遠的位置。「辻」（Tsuji）[1]的讀音也源自於此。（宮田登《妖怪的民俗學》）

1 意指十字路口。

說起「辻」這個字，從前的那霸人也把花柳巷叫做「辻」。根據民俗學者宮田登的考察，「以『辻』或『橋』來命名的地方，在民俗學上通常都與靈力有關。因為『辻』和『橋』都是特殊的空間。且『辻』跟『漩渦』（Tsumuji）在概念上也很近似，指的是人群聚集的場所。」

這個「辻」字，再進一步說，沖繩語會把「頂端、至高之處」稱為「Chiji」，正好與漢字的「辻」相合。

不過，最能夠表現出跨越境界、進入特殊空間的字眼，仍非「過橋」莫屬。因此橋或辻自古以來就流傳著各種各樣的傳說，譬如幽靈、妖怪之類的故事。

那霸既然有如此多的橋樑，當然也少不了「妖怪」的傳聞。近來我特別喜歡的一種妖怪，名叫「仲西嘿」。沿著海濱從若狹前往泊高橋的路上，有一座「潮渡橋」就橫跨在前島的泥灘上——這裡以前都是鹽田。這就是「仲西嘿」平時出沒的地方。

至於牠這種妖怪，究竟有多可怕呢？聽說，若是在阿爾克羅[2]的黃昏之下，站在潮渡橋上，向對岸喊聲：「仲西嘿——」仲西就會跟著發出「嘿——」

2　阿爾克羅，原文アコークロー，沖繩語。描述夕陽西下時，美麗的橙黃色天空。

的回答……大概就是這樣。

我猜，那頂多就是住在附近的仲西先生聽見了人們的叫喚，報以橋上的回聲罷了。沒想到在方言學家暨沖繩學者金城朝永所著的《琉球妖怪變化種目》一書中，也收錄了相關的文獻記載。究竟那隻叫做仲西什麼的妖怪有什麼來歷？長得什麼模樣？書上並沒有更詳細的描述。不過比起這些，光是那句讓人魂飛魄散的回聲，就已經效果十足。各位請別忘了「仲西嘿」的名字才好，其實牠在不少妖怪迷的心目中還滿受歡迎的呢。（比嘉春潮在《沖繩神隱》一書上提到，仲西嘿平常也喜歡把人藏起來。）

話又回到潮渡橋上。事實上，這座橋也只是個傳說而已。可能就是國道五十八號上的那座路橋吧？雖然我知道眼前的景致與「仲西嘿」出沒當時的景致並不相同，但在那霸慢旅之際，我有時還是會走到橋上，朝空中發出一聲「嘿——」的吶喊。我那副鬼吼鬼叫的樣子，在旁人眼中，或許更像是某種「怪胎」也說不定。

前島，現在的潮渡橋。

戰前的潮渡橋（《舊日泊村沿革寫真》）。

覓得樋川的小泉「落平」

在驕陽如炙的夏季，我通常會稍微收斂一些，不敢成天在那霸小鎮上四處騎車遊蕩。所以也有好一段日子沒去那霸鎮上慢旅了。今天早上臨時起意，決定要騎到奧武山那附近繞繞。

我先開車到奧武山公園的停車場內，再取出折疊自行車，朝山上出發。天氣果然燠熱非常，不過迎著風騎一段路以後，也就舒服涼快多了。畢竟這一帶在很久以前可是海上呢！

奧武山本來是一座小島，位於國場川河口附近的漫湖上，向來以優美的松林景觀聞名。自明治時代闢為公園之後，經過幾次填埋，而逐漸與垣花村連成陸地。現在已經沒有多少人還記得這裡本來是小島了。

垣花村位於奧武山的另一側、那霸港的對岸。以前那霸浮島上的用水，主要都汲取自垣花樋川——或稱「落平」。據說它本來是山崖的湧泉，因為直接落入海平面而得名。由於島上水源不足，那霸人得固定搭乘傳馬船[1]到樋川這裡

1　在母船與岸邊之間載運貨物的小型運輸船。

垣花，落平樋川。

裝運山泉，可見樋川的水量有多麼豐沛。

我在「沖繩 Cellular Stadium 那霸」（那霸市營奧武山棒球場）的南側尋覓過落平的蹤跡。那裡仍遺留了部分的懸崖地形，山裡不時滲出涓涓細流。然而，面對現在車流不息的馬路，即使如我這般想像力豐富之人，也很難把當年傳馬船到這裡載運山泉的畫面聯想在一塊兒。

可是，我確實還記得小時候搭公車途經此地，看到細瀑從山坳上滴滴答答落下的畫面。就是到了回歸日本那前後都還有印象。如今我已屆大叔之齡，還是不時會想起那時的風景。

落平的旁邊有一小塊綠意盎然的草叢，並未以牆垣固定。我每次騎車從這裡經過時，都看到一名男子在整理這塊斜坡，真的，他總是會出現，只是我不確定那是不是同一個人。我想他大概是住在這附近的居民吧？他把斜坡當成花圃，悉心照料的神情，說明了這個區域的重要意義。假如原來的地形沒有被破壞的話，當年汲取山泉的景象就能夠傳承下去了。

斜坡的旁側，就是落平所在的山崖上方，現在已經蓋滿了沖繩縣住宅供給公社的公寓大樓。有趣的是，大樓的牆角邊，仍然保留著一小截落平樋川的出

落平樋川。

水管。這是為了紀念而特地保存下來的嗎？又或者樋川是沖繩人祭拜的場所，所以才未加以破壞？仔細一瞧，水管旁邊有個牌子，標示著「落平　一九七六年六月二十七日」——原來，我記憶中滴著山泉的落平，就是在這個時候消失不見的。

我伸手接起微弱的流水，暑氣頓時消褪了一些，心也跟著沉靜下來。

「書店休息站」小歇

這幾年來，那霸街頭上消失得最快的風景，應該是「街角」吧。

才不過晃眼之間，我已堂堂邁入友人口中的「磨去稜角、變得圓融了」的中年。只是從來沒有想到，小鎮在發展為都市的過程之中，也會慢慢失去它自己的街角。

街角的書店、街角的茶坊、街角的唱片行、街角的柏青哥、街角的文具店、街角的電器行，等等等等。近幾年來，或者說在二十世紀即將結束之際，這些昔日商店街上充滿魅力的景觀，就像小島上的海濱、泥灘、潟湖一樣，步上被消滅的命運。今年（二〇一一年）年初，在安里至泊港之間的崇元寺通上，就有一連兩家書店——沖書店、太陽書房，決定要結束營業。這兩家街角書店已經開了二十五年、甚至三十年。我常到店內鋪送新書，他們相繼歇業，我也不免有幾分失落。

那霸還有多少家像這樣「消失的街角書店」呢？我才浮現起這個念頭，腦中便翻倒出二十幾家店鋪的名字。如果這裡曾經有過電影院大街，那麼應該也有書店街才對。

我在那霸慢旅四處尋覓著消失的街角時，偶爾會順道去舊書店裡小歇一會兒。

那霸街頭上的特色舊書店，如今反倒有逐漸增加的跡象。來書店走逛的次數多了以後，我跟老闆慢慢混熟，有時手上翻著書，一邊跟老闆閒話家常。大部分的舊書店老闆都很親切，又很有自己的個性，這也是我喜歡逛舊書店的原因。

而且我常去的那幾間舊書店，剛好都坐落在我常去的奧武山、若狹、泊港、牧志一帶。那幾個地方，在古時候可都是那霸的海角或祈願所呢（唬你的）。

當我騎車騎得腳痠了，就會自然地晃到書店門口。本是想跟老闆打個招呼，閒聊幾句。不過有時也會坐下來喝點冷飲，擦一擦汗。假如在店內發現了我有興趣的舊書，背包的重量難免跟著增加。有幾次，我從書店老闆那裡找到書中附錄的那霸古地圖，也會把這些資訊納入下次慢旅的參考。

若狹，Chihaya 書房。

若狹，言事堂。

總之，這裡不單是「路上休息站」，更是我在慢旅的途中，隨時滿足各種需要的「書店休息站」。

真希望有一天，每個街角都開著書店休息站哪——我偷偷抱著這個想法，花了春夏兩季，在幻想的那霸小鎮地形圖上標示出「書店休息站」的位置。但願那霸的街角也會因此而煥然一新。

後記：我後來在二〇一三年十月的「Book Party NAHA 2013」中，實現了這個「街角書店奇觀」的計畫。任何事情，只要說了就有可能會發生！

「Book Party NAHA 2013」收錄的地圖。

站在雪岬上

說到「沖繩也會下雪」這件事啊，在「歸還日本」[1]當時，是連我這種低年級小學生都知道的傳說。直到四十多歲開始在那霸小鎮上尋找「消失的海角」時，我才發現，原來那霸真的有個地方，與「雪」有點關係。

翻開舊那霸歷史民俗地圖，可以找到一處名叫「雪崎」的地方。它位於若狹町北側沿海突出的陸地上，對面就是波上海灘。以前的人都把雪崎讀做「Yuchinusachi」。

我雖然時常在若狹那一帶繞晃，卻從來不知道有這樣的地方。亞熱帶小島的海角上，可能真的有過軟綿綿的積雪奇觀呢！（沖繩人對於雪景的辭彙實在很貧乏），無論如何，我都得去實地一探究竟。

那霸原始的海岸線，因為填成陸地的關係，現在多已無跡可尋。不過，在海角——也就是突出海面的地方，大多設立了祈願所，故而維持著本來的地形。我猜古地圖上的雪崎，大概就位在沿海的「拜所」附近，於是暫且先到這

1　指「沖繩返還」，1972年5月15日，美國正式將沖繩的管理權移交給日本政府。

若狹，雪崎的拜所。

些地方找找看。

後來我找得有點累了，順路騎到若狹的古美術書店「言事堂」裡歇一會。跟店主M先生聊起來，得知他去過「雪崎」。他說他到若狹附近參加公民會館講座的時候，就會經過「雪崎」。這麼說來，雪崎離此地並不遠，就在通往若狹的路上。

若狹小學的後邊有一座海濱公園，因為裡面設有祈願所，附近居民不時會到那裡祭拜。想到這裡，我再次踩上了自行車，出發尋找雪崎。剛才我經過的人行道旁邊，即是若狹海角舊跡所在地。海濱公園那邊也有一塊突出的岩場，上面雖然覆滿草皮，但確實是海角的盡頭沒有錯。

戰後美軍接管那霸，為了重新整頓土地而炸掉了雪崎沿海地區，然後再將原處填埋為陸地、興建住屋，這一帶便是今天所見到的若狹住宅區。

我先到拜所前面合掌敬禮，準備走到地勢較高的雪崎去看看。雖然極目眺望，四周已無風景可言，但是閉上眼睛，還是能夠感覺到浪潮的湧動。雪花從半空中一片片的飄落下來了（幻想中）。這裡也殘留著些許古老的地形。我想，從前的島民必然也會站在此處，遠眺西海與泊海的動靜。

若狹，尚留「雪崎」之名。

附近還有一間小祠與造型精巧的石碑，前方擺放了三座香爐。碑上刻文寫著「彌勒神」、「土帝君」及「美女留」。前面兩個神祇的名字很常見，但最後的美女……到底是何方神聖？啊！我想到了，那八成就是「Bijyuru」的另一種寫法[2]。這是沖繩特有的靈石信仰，有的地方把祂遵奉為佑生賜子安產之神，寫成「美女留」確實有幾分道理。夢野久作的小說中，有個角色的名字與此極為相似，不知是不是湊巧呢？（夢野久作小說《白髮小僧》中的「美留女姬」）

順帶一提，其實「雪崎」也是個記音詞。我經常翻看的《南島風土記》一書上，有這麼一句：「支那人作雪崎山。」[3]雪崎之名，沖繩語讀成「Yuchinusaki」，係指海角的前端形狀近似斧頭（Yuchi）之謂。

如果當初支那人寫的是「斧崎」，人們的想像，恐怕就會往截然不同的方向發展下去了吧。

2　Bijyuru是沖繩人信仰的一種靈石，多為近似人形的天然石塊。作者推測此處的「美女留」就是Bijyuru的漢字寫法。

3　支那人即中國人。此指中國人用音近的漢字來記寫這個地名。

街邊的釣客

我最近常在那霸街上看見騎單車的人。前幾天，照例到舊書店「Chihaya書房」去找老闆聊天，聊起了這件事情。

老闆告訴我，幾年前他從外地搬到那霸市區，那時他還沒有買汽車，出入多以單車代步。結果這一騎之下，才發現在那霸市內不常跟騎自行車的成年人擦肩而過。偶爾在國際通上碰到其他騎的人，從長相判斷，八成也是從外地搬來的……。與當時相較，現在騎自行車的本地成年人好像愈來愈多了。

其實，我們沖繩人本來並沒有騎自行車的習慣。在外地人的日常生活中，無論通勤、上課或者購物，自行車都占據了一席之地，反觀沖繩人對這種交通工具則不怎麼熟悉。在汽車逐漸普及的沖繩縣境內，自行車作為日常生活的代步工具能發揮作用到什麼程度，我也抱以期待……。

不過話說回來，像我這種老愛高談闊論的半瓶醋，也只在遊歷那霸小鎮的時候才會騎車，平時則不騎。我喜歡把折疊自行車放在汽車裡面，以備不時之用。要說騎車騎得最勤、又騎得最好的，大概非釣客莫屬。

沿著安里川、久茂地川，往港口騎去的路上，通常——不、不是通常，而是必然會發現這些釣客的身影。他們一手拿著釣竿，另一隻手則敏捷操縱著自行車的方向，騎到行人來往的大橋上或棧橋的盡頭。我平時並沒有釣魚或刈甘蔗之類的嗜好，對「當季」的概念也模模糊糊，但若論到釣客的行蹤，問我準沒錯——一年三百六十五天，他們天天都在水邊逗留。

大多數的釣客會把汽車停在棧橋或堤防邊，守著釣竿，等魚上鉤。但是自行車釣客呢，則有可能深入像奧武山公園這類地方，他們把釣竿架在河岸邊，然後就打起盹來。這些大叔好像是用過了早飯，連家居服也沒換過，就直接騎車出門了。

我也經常看到中學生的身影，他們會先架起釣竿，接著和三五好友騎車繞行河岸，玩得不亦樂乎。而在遠離了海岸的市內小橋上，也會有小學生從橋邊垂下釣魚繩，屏息等待。有時我會走得更遠一些，走到安里川中游的蔡溫橋上，住宅區裡面，有一條被當做排水溝的小河。偶爾見到在欄杆邊釣魚的親子檔，我總是想跟他們打聲招呼：「釣到這邊來了呀！」

釣客毫不在乎時間的流逝。從他們身旁經過時，我心裡總一陣羨慕。似乎只要手裡握著釣竿，就可以遠離日常俗務。哪天我一定要如法炮製，把釣竿架在岸邊，再騎車慢遊吧！唔，至於釣不釣得到魚，那又是另一回事了。

在前往那霸機場的路上，可以看到美軍管轄的那霸軍港。依據美日安保條約築起的鐵絲網，延伸得老遠老長，似乎是為了抹去本地人曾經自由出入於這座港口的記憶而設置的。柵欄上也掛著「美國陸軍設施」的牌子，上頭寫著「禁止擅自踏入美國用地」。

某天，我沿著那霸軍港旁邊的柵欄騎車晃蕩，發現那塊看板的旁邊，後來又貼上了新的貼紙，上面的警告標語是「禁止釣魚」。

原來，還真的有人嘗試突破美日安保條約的防線呢。

我忍不住脫口而出：「這些老釣客，真好樣的！」

那霸軍港與那霸港。

U.S. ARMY FACILITY
米国陸軍施設
UNAUTHORIZED ENTRY PROHIBITED
AND PUNISHABLE BY JAPANESE LAW
米国用地に無断立入ることを禁止する
違反者は日本国の法律に依って罰せられる

找不到賣柴魚的店鋪了

我的母親是在慶良間群島的渡嘉敷島上出生的。她曾提起小時候搭船來到那霸小鎮上的往事，當然，那都是戰前的事情了。聽說那時由渡嘉敷島過來的渡船都停靠在那霸港，不像現在以泊港為岸。當時東町、西町熱鬧的情景，她也記得很清楚。

她總是笑著和我說起祖母揹她到西町的山形屋百貨公司逛街的糗事。年幼無知的她，眼見架上陳列的梳子好看，竟然伸手拿走了梳子，而被店員小姐發現。戰爭結束後，母親離開渡嘉敷島，碰巧在山形屋謀得一職。由於沖繩島戰役幾乎摧毀了整個那霸市街，山形屋轉遷至神里原通重新開張，那裡離戰後新興的壺屋那一帶不遠。不過我對山形屋的印象，則是它搬到素有「那霸門面」之稱的繁華商店街——國際通之後的事情了。

因為老家住開南，我從小經常陪母親到平和通、國際通那附近採買用品。穿越人頭攢動的開南公車站，走去公設市場的路上，母親總習慣先到新榮通（現在的日出那霸商店街）的柴魚店去和老闆娘打聲招呼；我還記得她肌肉結實的臉龐和精神奕奕的表情（多數的賣店老闆都是如此）。好像是跟渡嘉敷島有些淵源的人吧？除此之外，就沒有什麼印象了。後來每次經過店門口前，我也會特地跟老闆娘點點頭，寒暄幾句。

時光荏苒，距離兒時忽悠便過四十年。經歷過美國統治、回歸日本，接著來到二十一世紀的現在，新榮通上行人明顯銳減，柴魚店老闆娘當然也不在那裡了。不知不覺，拉下的鐵捲門已成了這條街道最醒目的景象，而我卻連柴魚店關門了都未曾發現。

我突然想到，也許從沉緬於往日回憶的母親那裡，還能問出她探望柴魚店老闆娘的原因。

「啊，你說那個老闆娘呀！戰前她在那霸港附近經營『慶良間宿』，渡嘉敷島上的人每次搭船來那霸，都會在她那裡過夜。我從小就很得她的疼愛呢！」

母親以前就說過，戰前外島人在那霸都有固定留宿的地點。原來她倆在戰前就認識了。「宿」這個字的讀法是「yāru」。這麼說來，從戰前那霸港邊的慶良間宿，到戰後平和通附近的柴魚店，那霸市場周邊的記憶，在不知不覺中，

現在的那霸日出商店街一隅，還可以發現新榮通的痕跡。

從前搭船的地方，慶良間宿應該就在這一帶。

與我的家族史有了密不可分的關係。

我決定騎上自行車，到舊那霸歷史地圖上的慶良間宿那一帶去探個究竟。既然從前是渡船口，那麼應該位於突出的海角吧！

儘管沒有半點痕跡可循，但憑著母親的一番話，我似乎能夠再次回想起老闆娘和柴魚相似的笑臉。

（渡嘉敷島在戰前和戰後初期盛產柴魚，「慶良間柴魚」是當地的名產——我想年輕人並不知道這段過去，特為之記。）

帶著書，走進幻想的那霸街頭

說來，我其實是受到了某本書的啟發，而開始留心觀看那霸街頭風景的。這本書就是我愛不釋手的沖繩讀本——牧港篤三於一九八六年出版的散文選集《幻想的街道．那霸》（新宿書房出版，原連載於《新沖繩文學》季刊）。牧港出生於一九一二年的那霸，是沖繩本地有名的記者，也是個詩人。

既然生在這個令人愛恨交加的地方，自然會對它的過往（歷史）或對生活本身充滿複雜微妙的感觸。所以我無論如何都想順從直覺，將腦海中浮現的自然風景，如實付諸於紙上。

接觸牧港的作品以前，我雖在那霸住了二十年，對日常的景物卻是渾然無覺，遑論去思索如何看待這些景致，或去想像裡面潛藏了什麼歷史印痕。然而當我讀到他以戰前的街景和戰後猶如海市蜃樓般新興的市容疊合、描繪出的那霸心象風景時，我忍不住對這片土地的經歷感到好奇。

但是，那都只是我幻想的街景罷了。畢竟，舊時的那霸小鎮已在一天之內消失，再也無法復原。我曾經親眼目睹過這段歷史。

牧港筆下捕捉的是一九七〇年代後期至一九八〇年代前期的那霸。儘管隔了一段時間沒有讀他的文章，今年重讀時，裡面描寫的那霸街頭竟絲毫沒有褪色，和現在的那霸街景疊合，反倒顯得更深刻了。他幻想中的那霸街頭便是從那個時候開始迎向轉折，發展出都市的景觀。

隔天，我把那本反覆讀過的《幻想的街道・那霸》塞進背包，準備出發進行今年首度的那霸慢旅。我打算騎自行車快速瀏覽這裡的街頭，如果找得到書中描繪的街角，或許就能像牧港一樣，自由地遊走於時間之外吧。

我從首里下山，先到日光大道，接著騎到安里十字路口，在高架橋下的人行道旁等待號誌變換。突然間，書裡描繪的安里十字路口，悄悄地漫溢到現實當中。

在我看來，地形與戰爭本是一體，戰爭會改變地形。然而，戰後將近四十年的歲月中，人們並不再提起那片農田消失的經過。

如今那霸街道予人一種新興的氣象，那是人們在戰後滿懷盼望、胼手胝足重建的成果。消除了肉眼所見的各種地形，才能幻想出有別於現實的那霸。

我假裝什麼也沒有注意到，等綠燈亮了，便悄聲騎上自行車，朝大樓後方通往安里八幡宮的那條坡道騎去。

安里八幡宮。

雨霧降落在哀愁的那霸街頭（上）

每逢奧林匹克舉行的年度，我和幾位老同學就會相約在旭町的大樓，討論四年一期的高中同學會籌備計畫。隨著年紀漸增，這類同級、同窗會似乎愈來愈多了。等到會議告一段落，眼看天色已經暗下，心想正好可以慢慢散步到從前的那霸街上，喝杯小酒。

風中夾帶著些許水氣，不知是因為腳底下埋藏著古老的海岸，或者快下雨的關係？

不過這種時候淋點小雨，倒也別有一番情趣。我在泉崎當地信步閒晃，沿路經過仲島大石，懷念起往昔的海岸，接著到那霸公車總站附近繞繞。過了旭橋，再穿越國道五十八號，對面即是東町。東町是那霸的四町之一，戰前就發展出偌大的市集，也是沖繩境內最大的市集，占有舉足輕重的地位。

日本人經常以「過河」喻指通往另一個世界。我總覺得，自己白天進行那霸慢旅時，也像是穿越時光到了往昔的街道裡。在這春宵良夜，我隱約瞥見了霓虹燈閃爍的柏青哥店附近有一座被細葉榕樹包圍的露天市集。難道是一杯黃湯下肚之後，微醺帶來的錯覺嗎……？

東町這座大市場的歷史，最早可追溯到十四、十五世紀的琉球王國時代。市場裡可以買到魚肉菜蔬、豆腐等食材，還有燒物（燒製器皿）、火把、布匹等日用雜貨，甚至還陳列著遠從海外運來的東南亞瓷器、布料。據說販賣這些器物的，多半是來自各個島嶼的女子，偶爾也夾雜著外國人的面孔，充滿了濃厚的國際色彩。

明治政府推行近代化改革以後，東町逐漸發展為一處兼容新興商店街與傳統市場的中心商業區。露天的傳統市集裡，各式各樣的攤位、店鋪一路延伸，但是這番熱鬧熙攘的景象，不幸已毀於一九四四年的「十十空襲」[1]。戰後，沖繩人在壺屋、開南、我部川與牧志一帶落腳，時日既久，自然又形成了新的市集空間。我是到最近才發現：人們其實早在平凡的日常行止之中，召喚出過去的民俗記憶。

夜幕降臨，我決定再到東町的周圍看看。

1　一九四四年十月十日，美軍第三機動部隊針對南西諸島發動的大規模空襲。

東町和西町的交界。

大門通。（「昭和的那霸」復舊模型，那霸市立歷史博物館藏）

輕柔飄落的細雨，如同薄霧一般籠罩著這個小鎮。這片土地在美軍交還予日本之後，即被劃為都市計畫的實施地區，因此從外面的大街到裡面的小巷都修得很筆直。

路上雖然也有幾家年代悠久的居酒屋、小吃店，但因為鄰近住宅區而顯得格外低調，就連招牌都散發著晦暗的光暈。我在以前俗稱的「東下坡」那一帶胡走亂逛，看到街上有一家居酒屋「Wakuta」[2]，碰巧是友人茂子小姐介紹過的那家，遂臨時起意走了進去。這附近本來是個市場，店名取得挺好，讓人聯想到壺屋燒的發源地之一「湧田燒」。不過湧田這個地方現在已經消失了，也許店老闆是為了紀念湧田市場而取了這個名字。

我坐在吧台席上，很快點了一杯生啤酒，環顧店內，到處充滿了山原[3]的情調，亦是一妙。

現在我的東町哀愁之夜才正要開始。

2　店名原文為わくた，與漢字「湧田」的日文讀音相同。
3　山原位於沖繩北部，充滿山林自然景觀。

銷聲匿跡的小鎮

探訪宮城縣沿海地帶

清早七點多，我們一家三口從那霸搭機到東京羽田機場，然後轉搭新幹線前往北方，約莫下午一點多抵達仙台。由於各種各樣的原因，我和家人最後決定以宮城縣為今年家庭旅行的目的地。

在仙台「荒蝦夷」出版社編輯土方正志的嚮導下，我們這趟四天三夜之旅，幾乎都在海嘯受災的沿海地區移動。東北大地震發生後，土方先生與同事立刻深入道路崩毀、與外界聯絡中斷的災區，蒐錄現場的情況。他回憶起當時的景象，到處都是令人驚駭的敗瓦頹垣，空氣中瀰漫著腐臭之氣。閖上、若林區荒濱、野蒜、石卷、大川小學、南三陸町防災對策廳舍、大谷海岸、岩井崎、氣仙沼……這幾個震災新聞報導中時常被提及的地方，無一不是受海嘯無情襲擊的重災區。

位於名取市的閖上離仙台市區很近，於是我們先順道到這兒看看。從高速公路下交流道後，車子繼續往前開了沒多久，路旁忽然變成整片的空地景觀，一直延伸到遙遠的地平線盡頭。由於它太過遼闊，如果沒有任何的解說，著實很難聯想到是海嘯沖刷造成的。我印象中堪可相比的畫面，大概就只有整頓、開放後的美軍基地，或者是我在照片中見過的沖繩島戰後廢墟景象而已。

土方先生領我們探訪各處時，不時喃喃自語：「變成這樣，實在是難以置信呀！」這句話裡有兩層意涵，一是人們竟然清空了災後堆積如山的瓦礫廢土，一則是難以想像這塊空地本是住宅林立的街區。「旁邊就是海港，從前這附近有很多美味的壽司屋呢。」他邊說邊用手指著如今空無一物的商店街街角。

第一次看到這種景象，我卻說不出任何話來，就連切實地感受那股沖刷出巨大空白的海嘯威力也沒有辦法。現場遺留的建築物水泥地基，的確是人們生活的證據，可是置身在這樣的環境裡面，我彷彿失去了想像的能力，只是望著空景恍惚出神。遠方雖然仍有幾幢建築物孤零零地矗立著，然而走近一看，也僅是些被海嘯破壞之後，不堪使用的空殼。

大部分的海嘯受災區都是港口小鎮，以及人們閒暇遊憩的海水浴場。這裡不僅擁有豐富的漁場，還有一望無際的白沙灘，走到哪裡，都能見到綺麗明媚的風光。可是現在呢，它成了人煙稀少的荒城，地上擺放著向受難者致意的鮮

名取市閖上地區。

花，我和家人的這趟旅行，就像是為了慰靈而來。

對大部分的人來說，電視上播送的那些廢瓦礫堆畫面，不啻是一幅世界毀滅的真實寫照。但是對於我們這些住在災區的居民來說，除了瓦礫與令人無以名狀的殘骸，我們也親眼見過這裡在「三一一地震」前的模樣。我們記得那些廢土石塊曾經建造過怎樣的一座小鎮，鎮上的居民是如何過著平凡日常的時光。正因如此，我想我必須要述說關於這塊土地的故事。

土方先生在專欄上寫下了這麼一段話。

我至今仍不知該怎麼形容這趟旅行的感想。但是，我知道我會牢牢記住那片空白的風景，一輩子也不忘。

一旦遺忘了過去的模樣，我們就真正地失去了這個地方。

三重城前方風景

五月裡，我的祖母在她出生的渡嘉敷島老家壽終正寢，享年一〇五歲。她是在清晨睡夢中安詳離開的，不帶任何病痛，也沒有絲毫浪費地將上天賦予的生命用盡至最後一刻。祖母去世不久，平時照顧她的姊姊立刻打電話告訴我這個消息，但是我與母親仍沒能趕上當天下午回島的船，於是兩人便到三重城去，聊以平撫哀傷的心情。

三重城位於海角的最前端，是人們為了遙拜離島家鄉而設立的小神社（又稱遙拜所），不過現在已被飯店遮掩在後邊。每逢Gusō正月[1]，也就是農曆的一月十六日，人們會舉行「十六日祭」。這天，無法返回離島掃墓的人，都會到這裡合掌獻供，遙拜家鄉的祖先。若要祭拜在旅途中過世之人，也會到三重城來。此外，這裡兼有祈願所的作用，時常可以發現巫師的身影。

母親身為家中的獨生女，無法在祖母臨終時隨侍在側，難免抱憾。她面向海洋，合起雙掌，感謝上蒼庇佑祖母安享天年。

1　Gusō原文為グソー，沖繩語，意指「另一個世界」，故Gusō正月為「另一個世界的正月」。

在琉球王國時代，三重城與對岸的屋良座森城，均是鎮守那霸港的防禦要塞，據說當時城上設有砲台。現在的三重城對岸則是美軍控制的軍港區域。

很久以前，人們以舊那霸的西町為起點，搭建了一道伸至海上的長堤（即「海中道路」），三重城就在長堤的盡頭。進入明治時期之後，這附近的海岸逐漸被填成陸地，長堤不復可見。其實，三重城那裡還設置了燈塔，如果有人問起來，可以請他到飯店停車場裡面找找。

偶爾，我也會到三重城那裡隨意散步，不是為了祭拜，而是為了遠離日常的生活。這裡聽不見街上的喧囂與擾攘，時光就如潮水起落般，規律且安靜地向前推移。

我猜，在人們從陸地搭建出這條長堤，並且砌成防禦的石垣之前，這裡就已是個神聖空間。而石垣底下的基座，必然就是海面上宛如小型離島的礁岩。這一類的奇石怪岩，經常會被當作靈石來崇拜。

離島（礁岩）與陸地連接後，成了海角的最前端，即使日後防禦機能不再，人們依然將這裡當成遙拜所而留存至今，其中應該有什麼緣故才是。

海角就是陸地與海洋相接的邊界。

眺望三重城。

三重城前端。

同時，它也象徵了「這個世界」和「另一個世界」的交界。海角在日文讀作「Saki」，恰好與「前端」同音，換句話說，海角是與「這個世界前端的世界」相隔又相接的神聖空間（祈願所）。

無怪乎，當人們心中湧起離別的哀思時，總想到海邊去散心。

又或者，那是我們這些住在島上的人共同的宿命吧？

祖母去世的那天，我和母親站在三重城邊眺望前方，平寧的海面上既沒有風，也沒有浪。

視野遼闊的街角一隅

打從一九六三年出生以來，我就沒有離開過那霸這個地方。但是直到最近，我才終於在那霸的街角發現「第一次看見」的風景。

例如在我老家開南那裡有一條路，居民都暱稱為「佛壇通」（我猜是近來才有的說法）。自從開始實施道路拓寬工程之後，假如稍加留意，就會發現從與儀十字路到開南公車站的這一段路上偶有公車堵塞的情形，道路兩側的人行磚道都被挖開，甚至就連原本的建築物也都被拆毀了。於是，那裡就出現了一幅視野遼闊的奇特風景，原本被建築物遮蔽的藍天，大方展現眼前。

以前這一帶的建築物和大馬路非常貼近，不過那也是我所熟悉的那霸街景。廣闊的街角風光是如此新奇，但我心裡不知怎麼就是不安心。

難道，這就是失去自己熟悉的街道的感覺嗎？我不禁想起沖繩島戰役過後，那霸當地的光景。現在與當時被破壞的程度當然不盡相同，但是對於在此地土生土長的人來說，失去每天日常慣見景象的心情，也許有幾分相似。

自那之後，我開始發現那霸各處都有視野寬闊的街角空地。可能是為了拓寬市區道路、提升行車速度，而把那些彎彎曲曲的道路修直，直接指向了下一個轉角。

有時不惜剷平小山、削掉斷崖，甚至完全改變了周邊的地形景觀；市區更新的浪潮正在侵蝕街角。

這是從未有過的事情。「往日的街道光景，正離我遠去……」這種心情，彷彿就是OFF COURSE[1]的歌曲。我騎上自行車，到開南公車站前去看看。這一帶是那霸戰後最早開發的地區，有個自然發展成形的黑市，沖繩人稱「Uii Machiguā」（上市場）。自我有記憶以來，占據了我生活的重心的開南公車站，便是個人聲雜沓的地方。

如今想起來，美軍統治那時，琉球人拚了命才恢復這片土地；這些街道是在他們的熱情呵護下慢慢建立起來的。

但現在那些熱情已經冷卻下來，當時蓋的水泥大樓、兩層樓木造店鋪都逐漸朽壞，到處都有汰舊換新的改建計畫。

屋舍變老變舊之後，就只有任其毀壞一途，接著，便像是那些被人若無其

1 活躍於一九七〇～一九八九年的日本流行音樂團體。

開南公車亭旁邊新闢空地一景。

事地竄改的街角風景一般消失無蹤。這是那霸街角正在發生的變化。

開南公車站前面的空地則是東一塊、西一塊的增加。在我的印象中，那霸第一家料亭「風食堂」的店面也曾數度易主，從柏青哥店，變成便利商店，最後則開起育嬰用品行。

現在這裡已經成了一片空地，本來隱藏在店鋪後方的住宅，赤裸裸地暴露在我的眼前。我的心跳漏了一拍，還以為是撞見了美國管制時期經常看到的、形如槁木的容顏。

在我們的城市，按理來說，從大街上是不該看到這種表情的啊……。

櫻坂的午後 Afternoon in Sakurazaka

最近，我在櫻坂劇場看了伍迪．艾倫（Woody Allen）導演最新的電影作品《午夜巴黎》（Midnight in Paris），片中描述一位立志成為作家的美國男子，在意想不到的情況下穿越時空，來到他嚮往的一九二〇年代巴黎遊歷的故事。這種浪漫喜劇向來是伍迪擅長的類型。電影中，費茲傑羅和妻子澤爾達，以及海明威、畢卡索，再加上達利、尚．考克多等藝術家，固定都會在夜晚小聚。如果可以的話，我真想去現場瞧瞧呢。這部電影可以說是讓人驚嘆又發人深省的傑作。我想起伍迪．艾倫以前寫的一部短篇小說，小說主角也跑進書本中，與女主角大談戀愛。唔，這本書的書名，應該是叫做《包法利夫人》吧[1]。

也許有不少成年人都想到自己憧憬的時代、大街上，感受一下當時氣氛。若是讓我選擇，那就非古代的那霸四町莫屬了。假如能夠回到戰前的那霸，我還想站在細葉榕樹下，眺望街上的西式石造建築，以及紅瓦石牆建造的民家……。

1　伍迪．艾倫創作的短篇小說《庫格馬斯插曲》，於一九七八年獲得歐亨利獎。小說主角庫格馬斯進入《包法利夫人》書裡，與愛瑪．包法利陷入熱戀。

櫻坂劇場。

那霸在一九二〇年代也就是大正時代的時候，是個非常「摩登」的小鎮。街上可以見到路面電車行駛，市場裡有劇院，熱鬧的大街上還有咖啡廳呢。我們那霸人，想必也嚮往著那個時代的巴黎吧？說起來，在牧港篤三的名著《幻想的街道・那霸》裡面，有幾段雖然描寫的是那霸，卻潛藏著巴黎的風景。看完這部在巴黎取景的電影之後，我也不免受到片中美景的吸引，萌生了到巴黎旅行的念頭。記得男主角是這麼說的：「雨中的巴黎最迷人。」

電影在早上首映，散場時，還不到中午時分，而戲院外面正好飄著細雨，好似電影情節仍未結束般，我冒雨走進了那霸的商店街。是啊！也許雨中的那霸，才是那霸最美的模樣。

可惜那霸的商店街幾乎都加裝了拱頂，不太有雨中漫步的機會。這裡一如往常是個令人愉快的地方，今天的氣氛卻有些不同。

我只得走下櫻坂的坡道，再穿過有拱頂的平和通，走到浮島通上；這條單行道的上空仍未安裝拱頂。我在飄著細雨的小路上隨意晃蕩，然後走進一家裝潢時髦的小食堂。那家店的氣氛，與其說是巴黎，倒更像是以芬蘭為拍攝背景的日本電影《海鷗食堂》。我不禁陷入了幻想，還以為自己正在路上拍電影續集呢。

不過，我想這部電影的背景，應該是戰前摩登的那霸。也許會有那麼一天，我可以在櫻坂劇場裡看見這樣的一部電影吧！

浮島通。

泊港閱讀

那霸從前是個港都——這件事，我在文章裡提過好幾次了。不過，那霸的都市機能，主要還是集中在國道五十八號靠近內陸一側；這是沖繩境內高樓大廈最為密集的地區，甚至遮蔽了海景。從那霸市的中心——久茂地出發，很快就能走到海邊，可是，置身在久茂地時，卻感覺不到海的氣息。

我最近有個想法：如果將泊港、那霸港、壺川漁港、三重城港等地串聯為一條自行車慢旅路線，或許更能夠感受那霸舊日的港都風情。至於應該怎麼活用這個構想才好呢？我的答案是「讀書」。

為了要到那霸市立圖書館借回《東恩納寬惇全集》中收錄的《童景集》，我特地前往泊港。這雖然只是一本書，卻格外厚重。

不知道「小泊」是否已經成為泊港渡船頭的固定暱稱了。因為我的父母都來自慶良間群島，所以我從小常在泊港南岸乘船出海的碼頭，還有稍遠的泊港北岸那一帶出入。至今還是很懷念當地人說起「北岸」（Hokugann）時的發音。

《童景集》這本書是以專欄點評的形式，描寫那霸昔日的風光。對於古代那霸迷來說，每一篇文章讀來都充滿逸趣，而若能就近到書中描寫的現場去讀這本書，應該會更有臨場感吧？此即我來泊港讀書的理由。世界正是因為「先入為主」而有趣。

泊港渡船頭的一樓甲板上，有一家露天咖啡店。這裡是鮮少有人知道的好地方。店內也賣「善哉」[1]或水果甜點。對了，在渡船頭裡面禁止騎乘自行車，還好在建築物之間都設有足夠的停車位。

港口喧囂的船隻與熙來攘往的觀光客，構成了精神上的背景音，我在這樣的場景中翻開厚重的全集。在港邊讀起書來。這不是挺新潮的嗎？騎自行車來到這裡時汗流浹背，正好需要喘口氣歇一歇。

剛開始會覺得熱。畢竟這裡是露天空間，沒有冷氣可吹，也是沒有辦法的事。但是只要啜飲著冰咖啡，沉浸到那懷念的那霸街道當中，漸漸地就會暑意全消。真是不可思議。這裡並沒有保留一百多年前那霸的風景，但是讀到與此地有關的段落時，就會感到親近。

1　紅豆湯圓。

泊港渡船頭甲板。

「泊」在古代即是港岸，比「浮島」那霸[2]還更早與首里城有緊密的聯繫。臨海而望，前方是一片廣大的海灘，又稱為「潟原」；人們在這裡經營鹽田，在泊這裡舉行「划龍舟」活動時，會利用海灘舉辦琉球賽馬。泊橋口這裡有早市與黃昏市場。

想到百年以前的景象，我好像遺失了什麼般，感到劇烈的頭暈。與人們的日常生活息息相關的景象一旦失去了，就再也無法復原了。

我待在那霸的各處街角讀書，彷彿是為了掩埋這百年來的孤寂。接下來，我想找出更多適合讀書的街頭……等天氣涼一些以後再說吧。

2 那霸古時為國場川和安里川出海口上的小島之一，名為「浮島」。

站在泊高橋上，眺望泊大橋。

前島，梵字爐。

虹／蛇與堤橋

美榮橋附近

步下沖繩都市單軌電車美榮橋車站的月台，在站前小廣場的角落邊，可以看到一塊「新修美榮橋碑」。這塊記載著美榮橋改建始末的石板，是個重要的遺跡。雖然它曾在戰爭中被砲火轟炸，幸而勉強留存了下來。值得注意的是，從這裡可以通往連接古代浮島（那霸）和安里崇元寺的長虹堤[1]，大概可以算是沖繩最早的海中道路吧。

附近還有一條當地人才知曉的酒街，名為「十貫瀨」，自從我聽說它悠久的歷史，就納為我那霸慢旅的必經路線之一。這裡原來還有一家很有名的酒吧，叫做「蠢」，但在建築物拆除之後便跟著消失不見了。少了個尋歡作樂的潮流據點，我不知怎地也有些感傷起來，大概是因為美國時代的回憶也一點一滴的從街頭上消失的緣故吧？

我曾經在一本名為《舊日泊村沿革寫真》的地方志上，看過長虹堤在戰前的樣子。當時，長虹堤還是一條略高於水面的道路，充滿了堤岸風情。但是想

1 長虹堤是琉球最古老的石橋，興建於十五世紀，連結首里與那霸兩地，今已不存。

當然耳，長虹堤在周圍逐漸填埋為陸地之後，已經離海很遠了。直到二十一世紀的今天，更是看不見任何一絲可供追想「海中道路」的殘跡……不過，我有天到這一帶閒逛時，偶然發現了幾座小森林，裡面明顯還保留著大型礁岩的遺跡。森林中長滿了細葉榕之類的亞熱帶常綠喬木，還有幾座建造在山崖凹槽內的古墓，隱隱約約被樹影遮蔽在後方。這是沖繩沿海淺灘常見的小島、礁岩地形陸化後的風景。

從美榮橋車站望去，淳久堂書店那霸分店後方也有一座森林，藏著名為「七墓」的古墓群。這裡流傳著一則堪稱經典的幽靈奇聞。傳說有名女子在死後化作幽靈，趁著夜深到店裡買糖，以便餵養墓穴中的嬰兒。在那座森林裡面，也留有礁岩小島的殘跡。站在美榮橋車站月台上就能夠看得一清二楚。

在我拿來當作「古那霸幻想旅行指南」的《南島風土記》書中，曾經提到美榮是塊新生地，「美榮」則是當地人取其吉利的寓意（美麗而昌榮）而賦予的地名。附近有個名為「久茂地」的地方，本來叫做「普門寺」（意指除寺廟外一無所有的偏僻之地），久米村民移居此地後，便為這個新市鎮起了新名字以求取好兆頭，這也是同樣的道理。

七墓區域內。

而在《那霸由來記》這本史書裡頭，則提到美榮橋這一帶的舊稱是「待兼」。大概是某人在這個地方，盼望著某人的到來吧？在待兼橋改名為美榮橋以後，又過了數百年的今天，我忽然想從單軌電車上，眺望這個地方曾有過的海岸風景。

順帶一提，「虹」這個漢字，據說也代表「蛇」的意思。長虹堤乍看之下是個美麗的名字，其實是因為長堤宛如蛇般，既細窄，又彎曲，中國使節才取名為長虹堤。

虹／蛇加上橋、墳墓、幽靈、礁岩……將這些關鍵字匯聚起來，暗示了這個地方本來應該屬於邊緣地帶。這麼說來，長虹堤這一帶在戰後發展為酒街，似乎不無道理。

七墓與美榮橋。

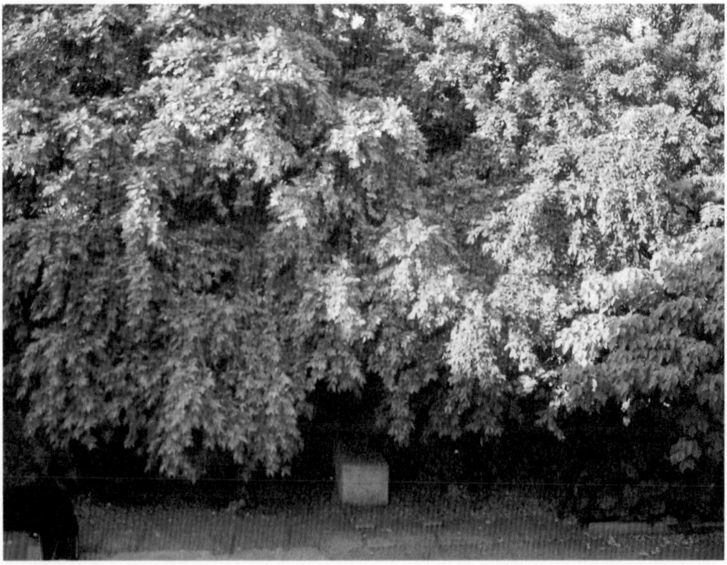

美榮橋界附近的祈願所。

在讀書電車裡幻想

沖繩都市單軌電車頭的座位

我每回在首里車站準備要搭乘單軌電車前往那霸市區的時候，總會在剪票口旁邊的咖啡店前陷入兩難。喝杯冰咖啡吧？一邊喝著咖啡，一邊等待下一班來車，何等的閒情逸致。可是偏偏就在這種時候，電車立刻就來了。

首里車站的洗手間附近，有個名為「首里車站文庫」的小書架，有時，我手邊忘了帶上想讀的書，就會到那裡借書。這裡的書都是自由借閱、自由歸還的。但是坦白說，我挺擔心大家借了書以後，是不是都會如實歸還？架上的藏書似乎有愈來愈少的趨勢。

往往在我舉棋不定，還沒決定借那本書才好的時候，下一班車好像又快來了，老是處在這麼著急的情況裡。然後我又慌慌忙忙回到電梯裡。所以說，我在首里車站也算得上是有充分理由搭乘電梯的族群。

從首里車站到儀保車站，接著到市立醫院前車站的路上，鐵軌高度緩慢地下降。如果是個晴天，我就會坐在車頭的座位讀書，由車窗便能清楚瞭望慶良間群島、渡名喜島四周的風景。末吉森林從窗外流過。外帶一杯咖啡走進車廂，如果鄰座剛好沒有人，那就更像是一間豪華的書房了。更何況車子裡還開著空調呢！

而且，在電車上讀書有益於專注。沖繩人沒有什麼讀書的習慣，有人把這個問題怪罪於沒有電車。雖然我不太喜歡聽到這種說法，不過最近漸漸覺得這麼說也沒錯。也許，這就是沖繩回歸日本迄今四十年，所謂的「精神上大和化」的結果吧？

暫且不說這個，我是在想，不知道沖繩都市單軌電車能不能讓我在週末的時候，開一列「讀書電車」呢？

那是專門用於讀書的列車。直到讀完一本書以前，列車都不會停止行駛。假如讓這班車來回行駛於首里及機場之間，應該可以免於招致抱怨，或者說免於遭到質疑。如果在後方的車廂裡設置書架，那就成了名副其實的移動圖書館了。至於要放什麼書好，不如就讓那霸市立圖書館的各個分館來輪流負責規劃選書。如此一來，即使只是單純瀏覽架上書目，也是樂事一樁。

倘若真有這麼一天，或許還可以將站名跟沖繩文學相關的文字連結在一

首里車站文庫。最近藏書似乎增加不少。

塊。譬如「雞尾酒會站」、「沖繩少年站」、「豬的報應站」以及「水滴站」等等。現在的首里車站，當然就叫做「暴風雨站」了[1]……我一邊思考著這些細節，手上的書又翻過一頁，本來打算在牧志站下車的，等我發現時早已過站。我原想到牧志站前的星空圖書館還書，最後只好把書帶著，在美榮橋補票出站。

那天平和通附近有個「Horohoro 市集」正好開市。我認識的舊書店老闆也在那裡擺攤，我就順路過去看看。站在車站邊，眼前就是淳久堂書店那霸分店。那霸要是有朝一日能夠成為書香城市該有多好——我這麼夢想著，然後從沖映通走向了市場大街。這才想到，這條街不就是過去的「書店街」嗎？

1 站名分別來自下列作品：大城立裕《雞尾酒會》、東峰夫《沖繩少年》、又吉榮喜《豬的報應》、目取真俊《水滴》、池上永一《暴風雨》。

末吉森林。從單軌電車車窗看出去。

消失的那霸山坡

說到山坡，我才想到自己有好一段時間沒有騎自行車了，於是又計畫了一趟久違的那霸慢旅。自從開始寫這個專欄以後，我騎自行車在那霸街頭閒晃，多半都是為了追溯昔日的光景。

專欄連載之初，我就寫過這樣一段話：「要判斷哪些地方經過人工填埋，其實很簡單：但凡平坦之處即是。道路很平坦，坡路卻不然。無須費力踩踏板的地方，就是填埋過的土地。」所以說，我是藉由騎車時的輕省與否，來感測那霸今昔界線的。從前，那霸是位於河口潟湖附近的小島，由於它具備天然良港的地理優勢，而逐漸發展為這一帶的貿易中心，其後，當地居民陸續鋪設了海中道路，填平了海灘，並且建造了與對岸相連的橋樑。

昔日的那霸道路之所以變得平坦，我猜跟當年的填海工程應該不脫關係。但今天的城鎮路面之所以會如此平坦，還需要更多的解釋。

> 戰後，這裡的道路雖然都改變了，不過最為明顯的地形變化是丘陵地的消失，那霸自此成為平坦的都市。

這段話出自那霸本土作家船越義彰的隨筆集《那霸孩童行狀記》（沖繩時報社）。在這本精選集裡，記錄了他在少年時代見過的戰前那霸風情。「因著少年敏銳的感受，」使得因戰火而湮滅的那霸街道「從記憶中鮮明地復活，為歷史留下了寶貴的見證」（引自上述書籍簡介）。若是把這本書夾在東恩納寬惇以明治時代為背景的隨筆《童景集》與牧港篤三以戰後為背景的心象速寫《幻想的街道．那霸》之間，一口氣連讀下去，就會讓人益發地憧憬往昔的那霸……。

話說回來，在當年還是小島的那霸上，不僅能見到丘陵景觀，有些地區的陽光甚至為山稜所遮擋。這些地方都遭到了戰火重創，直到戰爭結束之後，政府實行各項土地計劃，才逐漸成了平坦的區域。

> 最早剷平的是上之藏坂[1]。從那時起，這塊山坡就成了平凡無奇的馬路。（《那霸孩童行狀記．地形》）

1　坂即山坡之意，為保留原有地名而沿用「坂」字。

船越先生曾經乘坐三輪車遊歷的「善興寺坂」，相當於現在的天妃小學周邊地帶；而據說當時的「上之藏坂」有個心曠神怡的高台，位置就在今天的上山中學校園內。那霸的舊地圖上，可以發現學校的旁邊有條道路，寫著「安仙坂」的名字。即使是在白天，這條坡路仍然昏暗（所謂的暗闇坂！），它還有個別名叫做「波布坂」[2]……。

其實我中學就是在這裡讀的。從學生時代以來，我就想不通校名「上山」所由何來，這裡明明連個山的影子也沒有。原來是全被剷平了嗎？仔細想來，這附近有個名叫「辻」的地方，字意即是「山頂」，也就是高台。由此可以推知，浮島那霸過去是座小山。

我試著在如今一片平坦的上之藏那一帶騎車晃蕩。雖然看起來是平地，事實上卻有非常微妙的高低起伏。踩著腳踏板時，所感受到的輕微負荷，傳遞著昔日那霸土地的氣息。

也許我們再也沒有機會踏上這片土地、懷想這裡的風，甚至在這裡揮汗工作了。不如就把海岸修直、將地面填平吧。

2　意指「波布蛇」，是琉球當地的毒蛇。

船越先生三十年前留下的文字，不知何故，竟也成了現在的那霸街上最真實的寫照。

天妃小學，上天妃宮的石門。

辻，三文珠公園。

那霸市政府以前也是遊樂場

我在久米村這兒讀上山中學的年代，那霸的車輛還是靠右行駛的。當然，我也經歷過從「美國時代」到「回歸日本」的年代，不過我上高中之後不久，沖繩才開始實行「七三〇」交通法規[1]。國一時，我習慣在開南公車站搭市內線的銀色公車去上學；國二才改為步行，從開南走到波上附近的中學，距離說長不長，說短不短，然而節省下來的車資，可以買想買的書或唱片，所以我也甘願慢慢的走。

回家時我也有固定路線，從泉崎圓環走到舊一號線（國道五十八號）的天橋，過天橋後，直走到泉崎橋。這一路上會經過那霸市政府、沖繩縣廳（雖名為縣廳，實際上比較像琉球政府公舍），有時我口渴了便到裡面的飲水機喝涼水。

那霸市政府入口處綠樹成蔭，我曾經在裡面玩傳接球或用橡皮球（沖繩人叫「氣球」）來玩棒球。說起來我在讀城岳小學的時候，也常常在法院的停車場

1　由右駕改為左駕的交通政策，於一九七八年七月三十日正式變更。

裡打棒球。孩子們似乎天生就知道要把公共場所的空地當成遊樂場來玩耍。

沖繩幾乎年年都得面臨停水的問題，但市政府的噴水池依然健在，只不過，水池中央的銅像到底是誰來著？爬牆虎又是什麼時候長滿整個牆面的？曾幾何時，這些畫面都已成為朦朧的記憶。

成年以後，我數不清去過那霸市政府多少次了，可是想起的總是兒時的情景。好比小學三年級第一次到市政府參觀的事……。

當時我讀三年九班，用歪七扭八的字體，在本子上記錄著：

> 一月十二日，我們為了要問清楚「市政府的工作、稅金的由來，還有那些錢都用在那些地方？」而到市政府去參觀。（個人日記〈星〉）

四十一載過去了，沒想到兒時寫的作文，如今讀來竟也煞有其事，頗具參考價值。印象中我們見到了那霸市長平良良松，但實情說不定只是看到「市長坐在議會的首席」罷了。參觀完市議會現場之後，市政人員為我們做了完整的導覽。那個時候，政府為了解決日益嚴重的垃圾問題，似乎有計劃要在南風原

在樓頂上眺望那霸市政府。

町蓋「垃圾焚化場」。仔細辨認我那髒污歪斜的字跡，可以發現一九七二年時沖繩政府的重大課題：

> 把金錢花費在「建造新港口。蓋市ㄔㄤˇ。蓋公ㄧㄥˊ住宅」等可見的事物上。而這些預算的由來，則是ㄓㄥˋㄈㄨˇ和市民。[2]

這是沖繩回歸日本的那一年，那霸市政府所規劃的未來藍圖。姑且不說後來實現了那些部分，從美國時代過渡到回歸日本的那段重疊時間，任孩子們玩得不亦樂乎的那霸市政府辦公大樓，終於也在建造滿四十四年後因朽壞而走入歷史。二〇一三年一月，新辦公大樓正式落成。

那由四方形構成的巨大外觀，一望儼然，細看之下，才會發現牆上吊掛著綠化用的植栽盆。

在這座厭棄「老舊」的城市中，過往的回憶一個接著一個被刪除了。不知腳下這塊感傷的土地，是否也能孕育出一片充滿綠意的未來？

2　原文部分詞彙以平假名表示，應是作者當時年紀幼小，對於書寫結構較複雜的漢字感到困難之故，因此中文翻譯採取注音方式處理。

想回到《穿梭時空》裡

我們能夠回到過去的時代嗎？你是不是也有過如此瘋狂、幾近愚蠢的想法？愚蠢？是呀。因為這是科學上辦不到的事情。……唔，等等，可是，那位發現了左右人類未來命運理論的天才科學家愛因斯坦，不也說過：「光也有重量，時間的流速與流向並非永無變化；現在存在著，過去也同樣存在著，而且過去依舊存在於現在之中。」

美國作家傑克．芬尼（Jack Finney）在其著名的時光旅行小說《穿梭時空》（Time and Again）裡則是這麼說的：

> 他（愛因斯坦）說過——我們每一個人都像是在蜿蜒的河上順水漂流；儘管我們再也無法回頭望見身後的轉彎處，但「過去」依然還在「現在」的那個地方。

正如同字面上的意思：過去仍在現在的那個地方。

在這本年代有些久遠的小說裡（一九七〇年出版，那時沖繩尚未回歸日本），主角西蒙・莫利（暱稱Si）從現代回到了一八八〇年代的紐約，藉著寫作、素描和攝影，捕捉他親眼所見的冬日街頭與生活景象。那個年代，堪稱是美國的經典時代。

我從來不曾把這部作品當成是科幻小說，而是把它當成一段令人羨慕的真實經歷。這本長篇小說中，光是描繪一八八〇年代紐約的街景，就占三分之二的篇幅。作者刻意以一種紀實的筆調，製造出主角回到過去的經歷（但我認為，他是真的到過那裡）。作者一定知道什麼回到過去的管道（吧）。二十五年後，他又出版了續集《時空旅人》，主角同樣是Si，但這次是為了阻止近代史上的重要事件而回到了一九二〇年的紐約；相當於日本的大正時期。

如今我對傑克・芬尼的作品更是深深著迷，甚至幻想著，何不回到從前的那霸大街上去看看呢？正當紐約的百老匯舞台夜夜上演著精彩的戲碼時，那霸的沖繩戲台邊同樣盛況空前，往返於那霸、首里之間的電車也開通了。也就是說，那時NY（紐約）與NF（那霸）的城市發展，差不多處在同樣的階段。

我總是一面讀著紐約的街頭，一面想像那霸的街景。

小說主角 Si 逆返時光的方式，便是走入歷史悠久的地點，譬如建於一百年以前的達科他公寓（The Dakota。小說出版時，約翰・藍儂與小野洋子夫婦還不住在這裡）——當他站在公寓一隅時，就能夠自然地感覺到「當年」的氣息；而返回「當年」的過程，宛如從河中走上岸。……但是，那霸已經找不到這樣的地方了。這行不通。

既然如此，我只好帶著繪有昔日那霸風景的復刻版明信片，騎車到現在的西町、東町等地晃一晃；接著，再騎到戰前那霸市政府所在的街角前面瞧一瞧；舊市政府是一棟現代主義建築，現在這裡已經沒有半點建築物的影子了，但我凝視著明信片上的那霸市政府舊照片，愈看愈感到奇妙。

因為那霸市內最高的一座鐘樓，確實曾經在這裡。

身穿和服的老婦人、連身洋裝打扮的母親，還有手拉著手走路的孩子們，都站在白燦燦的街道上，仰望著那座高塔。我還看見路上的公車與旁邊的人力車。這個地方與紐約的達科他公寓分享著同一片天空，也曾共享過同一個和平的世界。

雖然現實已無法改變，但我至少可以將明信片疊上街景，拍張現場的照片。嗯哼，挺有意思的呀，這絕對是獨一無二的街景。

就這樣，我繼續騎到從前熱鬧繁華的「大門通」與通往車站的「西之前通」（根據明信片上的標示）等地，拍下明信片與現場的合影。

其實，我也說不上這麼做有什麼意義，只能學著愛因斯坦吐舌頭，謂：「但『過去』依然還在『現在』的那個地方。」

東町，戰前那霸市政府鐘樓所在位置。

西町，西之前通的所在位置。

一如既往的小鎮

沖映通、車站前的一箱古本市

近幾年來，日本全國各地都能見到露天書市的活動，知名者如東京的「不忍書街」、福岡的「Bookuoka・書岡」、名古屋的「Bookmark Nagoya」等等。而說到它們最主要的活動，那就要數「一箱古本市」了。只要帶著一箱舊書前來，任誰都能加入露天擺攤的行列。

每年我都期盼著，心想那霸街頭若能舉辦這樣的活動那該多好。直到今年（二〇一三年）二月，沖映通上終於有了露天書市。在街道協會各方支援下，這場「站前一箱古本市&兒童古本攤」活動，以單軌電車美榮橋站的站前廣場為起點，延伸至淳久堂書店前的大街上，活動為期一天。

而我作為執行委員會的成員，自始就參與了一連串的籌備工作，譬如募集一箱古本店主、發出通知、按地圖佈置會場等。雖然忙得不可開交，但畢竟是自己提議的活動，理當負起責任。

長約三百公尺的街道上，一共有四十二位店主擺出了舊書攤。這些店主都是一般市民，而且，也都是第一次參加擺賣二手書的活動。他們為自己的攤位取了獨特的名字，如「古本孔雀魚」、「桃色書屋」、「小鳩屋」等，說是大人們的舊書攤扮家家酒遊戲也不為過。一人搬來一箱舊書，看似不多，但一箱箱接龍般的延展下去後，就會呈現繽紛多樣的街市風情，非常有意思。

從上午十一點開始，直到傍晚五點結束前，逛書市的人潮川流不息，街上比平常熱鬧得多。每家攤位的生意都很好，我最開心的是看著「書本」為市民創造了各式各樣的連結。不論是店主、客人，或兩家相鄰的攤位，皆因著純粹「愛書」的心情而在此邂逅，露出開懷的笑容。

就連街上販賣那霸名產「黑糖菓子」的店家也銷售一空。人們手上拿著黑糖菓子，為這條書街增添了幾許溫馨的氣息。

我總算明白，這就是我期待書市的原因，從前的那霸大街上，本來早晚都有市集。平和通和沖映通現在雖然覆蓋了我部川，但是這一代的繁榮，最初也是從戰後河岸邊的露天市集發展起來的。今天我彷彿是看見了當年露天市集的景象。

一箱古本市的活動結束、收拾完現場後，天色已近黃昏，我獨自走到鄰近的沖映通上，方才還陳列著的那些琳琅滿目的小書攤都不在了，街道恢復為平常的模樣。

市集聚合，然後消散。那彷彿呼吸般生生不息的循環，把人與人連結起來。我像平時一樣走在街上，心裡感到無限的滿足。真是美若幻境的市集啊……。

往腳底一瞥，這才赫然發現自己正踩在劃分攤位的膠帶殘漬上。我蹲下去把膠帶一條一條撕除乾淨，總算慢慢了解到——就在幾個鐘頭以前，書市確然存在。

沖映通，車站前的一箱古本市。（攝影／小原猛）

到破屋那裡走走

久茂地周邊

我偶爾得利用週六的時間，去西町辦些事情。通常一個上午就辦得差不多了，假如沒有特別的事，我會從東町、上之藏、久米一帶，慢慢閒逛、散步回家。當然，我邊走邊在腦海中描繪出那霸舊日的景象，清點著那一處處消失的山坡、消失的寺院，與消失的河道……

不過，有時我也會在街角發現新的景觀，忍不住思考著：「咦？這種地方竟然有泰式料理！」「這附近從什麼時候開始有這麼多韓國餐廳的呀？」一路上充滿了樂趣。因為這個時候還是上午的時段，放眼望去，小吃店的招牌一清二楚，這一帶以前本來是唐榮（即唐人街），如今發展成了多國（料理餐廳）的街區，也是挺有意思的事。其實我最喜歡走進這一類混合著餐飲店家的住宅區裡面。

走著走著，我逐漸遠離了那霸的老街，越過國道五十八號，走到久茂地川的對岸，街景為之一變。在我印象中，久茂地這裡充斥著商業辦公建築。（這裡大概是沖繩唯一的商業區吧？但最近好像又冒出其他商業區了？）這些大樓包含了媒體、銀行、百貨等等，多半是日本國內大型企業的沖繩分公司；一樓則因闢作餐廳的緣故，形成了美食街。看起來是有些都會的商業氣息。還在讀大學的時候，我就經常來這附近走逛；等到開始工作了，也不知是不是出版業的習慣，我記得自己沒事就會跟同事相偕到久茂地喝酒聚餐。這些習慣到現在也沒多大改變。

也許是太熟悉夜晚的久茂地，我反而愛在白天裡四處踅逛，發掘新奇的地方。比如我就發現，這兒的兩層樓紅瓦木造屋超乎想像的多。有些用於經營店鋪、有些則是普通住家，不過，它們都是零星分散在各地，看起來就好像是高樓之間突然陷落的凹槽。從建築物的外觀看起來，這些房子並不算是古民家，但畢竟也有些年分了，遂而散發出一種舊房子的情調。

這種木屋的形式，多興建於昭和二〇年代後期到三〇年代。那時的普通住家從很早以前就改採用混凝土了，倒是這些木屋二樓的紅瓦身姿，仍然保留了舊街道的景觀。如此一來，只要稍微抬頭仰望，整條街道的印象就改變了。我曾經問過這一帶的老居民，他們告訴我：「以前只要爬上二樓，就看得到海面了呀。」

我沿路欣賞久茂地洗鍊的紅帽屋頂，最後終於抵達那棵高大的合歡木（？）前。角落裡有成排的木造及混凝土老房子，還有幾間被枝葉遮蔽的破屋，看起來應該已經閒置多年，久無人居了。仔細一看，這些木屋當中也不乏華麗的兩層樓建築。

但如今它們的窗戶被粗壯的枝椏入侵，氣根也從外面纏裹了整間屋子。離國際通很近的這群破屋們，彷彿正悄悄地返向森林的懷抱。

望著這片景象時，我心裡的感觸特別深，並不是覺得寂寞，也不是想起了往日的情景，只是，我明白每條街道都有其生命的歷程，而我更願意看見它們繽紛多彩的時刻。

破屋雖然還在原地，卻猶如是在合歡木的樹蔭下打著盹，恍惚地想念著消逝的風景。也許，這是它們作為最終的居所，而被賦予的最後一項任務吧。

我決定要多走些路，盡可能找出角落各處的老屋，仔細端詳那霸這座幻想之城的舊日容顏。

沒想到荒廢的老屋出乎意料的多，在馬路內側的巷弄裡、在高大的細葉榕樹下、在藏著墓碑的樹林子旁、在小巷拓寬以後平白多出的畸零地上都有……而這趟從晨間開始的散步，竟也不知不覺的，走了更遠的路途。

久茂地街角。

即使被雨淋濕

牧志御願周邊

約莫就在一個月前。

那霸的天空總算開始飄起雨來。我通常不說梅雨，而是刻意的以「小滿芒種」[1]來取代「梅雨」的說法。

因為這個詞彙只要一說出口，街上的新綠就會立刻映入眼簾。在這個時節，植物們都渴望雨水的滋潤，以便迎接溽暑的到來。但也由於每天都濕漉漉的，我在家裡悶得慌，便開始盤算著想去弁之嶽的山上聽雨聲。無奈陰雨連日，就是連片刻的放晴也不可得。最後我還是忍不住出了門。騎上自行車，順著斜坡滑向那霸市區，再騎過一段路程。天空雖然飄著雨絲，至少比在大熱天裡騎車來得舒暢涼爽多了。

我最近迷上了拍攝各式各樣被植物包覆的建築物，不論是屋頂，或者是牆壁，這些穿上綠葉的房屋，乍看之下就像街上的一撮小樹叢；若是走在街上，發現了這類的景象，我就會見獵心喜的啪嗒啪嗒猛按快門，連腳邊綻放的幾朵

1　沖繩在小滿至芒種期間進入梅雨季，因此當地人稱梅雨為「小滿芒種」。

無名小黃花也一併入鏡。

是不是上了年紀之後，就會開始注意起自然界裡的微細事物了呢？

「若夏[2]來臨前，我將老去。」我一邊喃喃自語，繼續朝安里川的下游出發。

聽說今年在蔡溫廣場上，照例會按月舉行「Hai-Sai 市集」[3]。而流經廣場的安里川上，今天碰巧提供了「划獨木舟」的體驗活動。我以前就很好奇，從河川上能夠看見什麼樣的街景呢？這機會來得正是時候。

向負責人員申請後，我穿上救生衣，立即乘坐上獨木舟。河道上居然沒什麼臭味，這倒出乎我的意料。是因為這陣子雨量豐沛的緣故吧？我把槳放進水中划水，小舟便輕輕的往前滑行。

在蜿蜒河道上前進雖有波折，整體還算是愜意。坐在舟上，抬頭就能望見高樓大廈，彷若峭壁夾岸，平時司空見慣的街道也呈現出截然不同的風情，如果再繼續航行下去，便會銜接到久茂地川，然後在河口處與國場川會合，最終抵達那霸港……我忽然做起了白日夢，幻想有一天也能和古時候的琉球人一樣，在河上往來通行。

我向負責人員道過謝後上岸，對岸的牧志御願公園裡邊好像有什麼活動，

2　沖繩當地人稱五月為「若夏」，正值梅雨季節。「若」在日文中也意味「年輕」。

3　Hai-Sai，原文「はいさい」，沖繩語。是不分時段皆可使用的招呼語，近似於中文的「你好」。

待我走去瞧瞧。哦，原來是「牧志御願奉納摔角大會」。好久沒見到沖繩摔角（這裡又稱為「Shima」）的盛況了，在這個小公園裡面，來自全島的大力士之間，正在上演著激烈的淘汰賽，圍觀民眾專注地盯著場內的局勢。

只見兩名選手互相緊抓著對方道服上的腰帶，其中一人使勁將對方拉了過來，出其不意地把他撐在腰背上，然後吆喝著把他摔出去。若能讓對方的背部著地，就算是勝出了。膝蓋觸地也沒關係。

比賽到一半，天空忽然下起雨來，但由於場上還不至於陷入「水入」[4]的膠著狀態，所以比賽仍在持續。觀眾紛紛躲到樹蔭底下，依然觀看著賽事。

牧志御願摔角大會從戰前就開始舉辦，擁有正統的發展歷程。我記得在某場展覽裡，有位老婦人反反覆覆地觀看著牆上展示的那霸舊日照片，她告訴我：「戰前我家就住在牧志御願旁，摔角大會期間，此地總是聚集著島上的各方好手。待比賽告一段落時，我們也會邀選手到家中喝杯茶，歇一歇。那時，牧志御願的下面還可以看到沙灘。」

偶爾，場上的摔角選手還在奮力較著勁呢，上方一列單軌電車已急急駛過。唔，這不正是那霸才有的風景嗎？我舉起相機，高興地捕捉下眼前的畫面。

4　相撲如果超過約四分鐘無法分出高下，裁判會宣布暫停並讓兩方喝水，此過程稱作「水入」；其他運動賽事也用「水入」表示遇雨延後比賽。

雨愈下愈大了，看這雨勢，倘不放晴也騎不了車。幸好這裡有摔角比賽可看，而且直到總決賽以前，還有好幾場的賽程。

這是約莫一個月前，我才剛身歷其境的事情。

牧志御願公園。

邊緣的天久崖

現在還知道天久這個地方靠海的人，我想是沒有了吧——這麼說似乎有點誇張，不過說起那霸的天久，本地居民大多會浮現出「新都心」這一帶的印象。天久是沖繩島戰役爆發激戰的地區，戰後好不容易才復原為住宅用地。其後，由於美軍擴張基地之故，天久遂成為沖繩美軍最早撤退的村落（一九五〇年七月）。站在此處的高台上，可以眺望遠處的慶良間群島、俯瞰風光明媚的那霸市區。天久至今仍位於山丘上，但是它西邊本來還有一座突出海面的陡峭懸崖，如今卻隱而不顯。

那霸的海岸線早已被填埋在陸地之下，難以再追溯昔日的地貌。天久的海岸線則相當於從泊港漁港到安謝港之間的區域。從泊港北岸騎車出發，經過外國人墓園後，再沿著泊大橋下的馬路通行，這一段路程，就是所謂的「老天久」海岸線。以往我都是開車穿越這條馬路，偶爾看見了懸崖的殘跡，才知道此處是昔日的海岸。

岩崖遺跡，天久「石獅子」。

這座懸崖如此突兀地立在柏油路旁，若再多看幾眼，我總莫名地感覺到它的超現實。如果把柏油路想像成海面的話，這兒確實猶如海蝕洞一般。探頭窺視烏漆墨黑的洞內，裡面竟有一只小香爐。在那霸人的心目中，主要的海崖便是聖域，因此都設置了祈願所。沒想到在這處彷彿被光陰遺忘的海蝕洞內，也留下了人與神明連結的記號。至於岩石裂縫與洞窟，則是人世與「根之底」——或謂海上他界接壤的邊界[1]。

後來我又發現了一尊風獅爺，它隱藏在粗糙尖銳的琉球石灰岩崖縫隙中，朝著過去海面的方向凝望。這麼說來，此處就是人們稱之為「石獅子」（Shishinsā）的地方了吧！

這一帶的岩崖也隱藏著許多古墓群，與那霸過去的海岸線、懸崖周邊分布相似。我沿著斜坡騎下，山坡上的墳墓隱隱若現。這裡區隔了陸與海、中心與邊境、現在與過去，因而充滿邊緣（marginal）的氣息。

1 日本神話傳說認為海底有個「根之國」，民俗學者柳田國男認為「根」與琉球傳統信仰中的海上他界「龍宮」是同一個地方。海上他界，原文「ニライカナイ」，即是人死後前往的地方。

天久拜所。

拐過公寓大廈的轉角，在上坡入口處有個祈願所，我私下稱它為「立神岩」。這裡也是個充滿邊緣氣息的景點。小祠的後牆就是岩壁，香爐則放在前方，正對著岩石。岩石的背後倚靠著高聳的懸崖，而在懸崖下方的海蝕凹壁和海蝕洞裡側，還豎立了一塊精巧的石碑。後來我才曉得，這個地方就是天久的「崎樋川」，過去因其源源不絕的湧泉而聞名。

由於山坡陡斜，我暫且把自行車停在一旁，改為步行上山。因而從兩棟大樓的夾縫中，窺見了昔日的那霸風景。站在這被人遺忘的邊界上，眺望著那霸，究竟可以看到些什麼呢？海風輕輕吹拂在我的臉上，但海洋卻比我想像的更為遙遠。

天久，懸崖下方的拜所。

私人菜園在我家

為了配合道路拓寬計畫，我和家人搬離了老家。我們和親戚之間向來把老家這帶喚作「開南新城」。其實，這兒原是我母親單身時代以來就租賃的房子。她在戰後離開娘家，來到那霸神里原通上的山形屋百貨謀職，從那時起便一直住在這裡，算一算將近有六十年了。回歸日本那年，我家的木造鐵皮平房，才剛改建為混凝土兩層樓建築。但是到了今年，這棟平房已全然化為烏有。雖然是早就知道的事，然而，看著緊鄰小巷弄的整排房舍拆除殆盡，僅剩一片空地的光景，我仍隱隱有些遺憾。畢竟，這房子裡有我與家人生活過的痕跡，而現在這些記憶卻宛如夢境一般，失去了真實的憑依。

這一帶在戰前本屬那霸的郊區，稀稀落落的散居著幾戶人家。戰後，由於開南公車站附近逐漸發展出黑市，住戶人口才變得稠密起來；可說是戰後那霸的復興地區。或許，今後可以替它立塊紀念碑吧。

開南這個地名，是沿用了戰前原有的私立中學的名字。這所學校因戰火而灰飛煙滅，早已消失無形，僅餘「開南」舊稱。有一回，我在剛翻開的書上，讀到了一段與開南中學有關的記述。開南中學（舊制五年制）由戰後那霸首任知事，同時也是教育家的志喜屋孝信先生所創辦。而寫下這段感想的人，則是當年的舊生。「位於那霸郊區山坡上的開南中學，教室呈一字型平房設計，禮堂就坐落在校園的東側，散發著寧靜的氣息。」（宮城鷹夫《你不認識的時代，你也認識的時代》）

我忍不住想像，我的老家會不會剛好就位在開南中學的舊址上？本來的教室、運動場，在戰後都成了住宅用地。公車道上看去，那一帶確實是山坡地形。這次就連沿街的建築物也全數拆除，原來的地貌更加一覽無遺。比如松尾前往平和通的路上，即可發現類似盆地的地形起伏。

這個地方的路牌標示著「樋川」二字。遠自琉球時代開始，此處便以豐沛的湧泉聞名，故又名為「王樋川」。我兒時常到這裡玩水，不過今天已經看不到溪流的景色了。大約三十年以前，人們引樋川之水，開挖成溪；並在這裡修築了公車道，名為「潺溪通」。但不知從何時開始，這條任鯉魚、螯蝦悠游的小溪流，漸漸被土石填滿，成為陸地。本來還能見到螢火蟲的蹤影呢！現在說不定還有。

記得我小時候，常有公車交錯來往通行這條窄路，路上也經常是塵土飛揚。如今，沖繩市民已逐漸遷居郊區，開南公車站的乘客也大幅銳減了。在這樣的時代裡，卻積極提倡道路拓寬的計畫，豈不奇妙？

房屋拆除之後，老家附近成了空地，雜草趁機冒了出來，很快便長得跟莽原一般高。我喜歡見到這些空地上的草叢，就像是都市中的小自然。尤其想到最近這裡即將興建公寓大廈、住商混合大樓，不難預見這片青綠綿延的草地，不久後會換上多麼乏味無趣的街容。然而，今年夏天的雨季太短，這片草叢早已不敵炙陽，一天天枯萎了，從莽原變成了沙漠。

拓寬道路工程好像也因為土地收購遇阻的緣故，而遲遲還沒有動工。看來這塊空地還會空上好一陣子。

結果，就在「今夏世」[1]——今年夏天，我回老家巡看那塊空地時，赫然發現草地已化作一片菜園。大概是住在這附近、沒有搬走的鄰居們，不忍見到這塊空地長期荒置不用吧？於是，一塊私人菜園就這麼平白出現在我家。在乾旱的夏日裡，菜園裡的綠葉顯得特別的耀眼。這豈不是讓人作夢也會笑的樂事

1　沖繩八重山島有「來夏世」的說法，島民以此美詞祈求即將到來的夏季，能夠帶來豐收。「世」（yu）即豐收之意。「今夏世」（konachiyu，コナチィユ）應是作者借此典故而造的詞彙。

嗎？

是啊，就是這樣。我的老家因這片菜園的誕生，又漸漸鮮活起來了。這是我第一次回想起住在這裡的時光。

樋川自家後院。

和芳子到「石蹓躂」去散步

辻町、西町、東町

這個漫步閒晃那霸的專欄，寫到今天，也邁入第三年了。有時，我會在下午時分，騎著自行車出門遊晃，我稱之為「那霸慢旅」；有時，我也會在夜晚召聚三五好友，到那霸四町附近散個步、喝幾杯小酒，我稱之為「那霸街頭文學散步」。而不管是哪一種說詞，都是為了找尋往昔的那霸。

一九四四年十月十日美軍空襲以前，這個小鎮確實存在。可是它的面目，卻模糊得彷如夢境。我總覺得應該還有些什麼曾經留下來的吧？明治、大正、昭和與戰前，我試著翻查書中對那霸過往的描述，一點一滴拼湊出現實中消失的形影，慢慢縫綴為過去的樣貌。是的，漫步那霸街頭的方式，也包含了閱讀的旅行。我便常常在書中和沖繩的老作家們相遇。

譬如金城芳子——她的老家在大正九年發生火災，後來便搬遷至附近的辻町一丁目一番地。她年輕時正好經歷了大正時期民主化思潮的啟迪，著名的前半生回憶錄《那霸女子一代記》（沖繩時報社）是我的必讀書之一，在其他的書裡，也曾經描寫過下面這段散步路線。從芳子位於辻町一丁目一番地的老家門口，往前再走幾步路……

到上之藏時，不轉彎，繼續直走，經過神宮寺通、鉢嶺醫院、基督教會公理會、松田家、比嘉家，再走過樽造屋[1]、繫馬場[2]等處，最後在一味亭前面下坡，左轉，即至天妃。

這段文字節錄自琉球新報社於一九九一年出版的《惜春譜》開篇隨筆〈散步道〉。文中提到的建築物，自然不必說，就連道路也變了。但若把「舊那霸歷史民俗地圖」和現在的地圖加以疊合比對，倒也不是不能重新走過她散步的路線。只不過，要避免落入主觀判斷，並留意那些有些歪斜的道路、與地面傳來的微小起伏。我想再引一段芳子所描寫的散步道，篇名為〈穿過龍界寺小路，就是令人懷念的石門通〉。

石門通是一條連結辻町和當時的市中心「見世前」（當時那霸市政府和山形屋百貨都設在此地）的小路。書店、唱片行、日本蕎麥麵屋[3]、女性用品店、

1 原文「樽ガーヤー」，製作木桶的工場兼住家。木桶通常用於盛裝黑砂糖水。
2 原文「馬クンジバ」，供人臨時停放馬匹的地方。當時那霸人以琉球馬來馱負貨物或木桶。
3 沖繩本地的蕎麥麵是以小麥粉製作的。沖繩人習慣將蕎麥粉製作的麵條，稱作「日本蕎麥麵」。

辻町一丁目一番地。

辻町的福木行道樹。

糖果舖，伊波普猷[4]的家也都在附近。

石門通的氣氛，與東京神樂坂、銀座相似，是最受年輕人喜愛的散步道。由於經常在這一區徘徊蹓躂，我乾脆比照銀座的「銀蹓躂」，把石門通也叫「石蹓躂」。

芳子似乎時常在這條路上「石蹓躂」，或在店內閒逛、或在路上和朋友相遇而聊得渾然忘我。這裡有她青春的回憶。大正時期的沖繩，說不定也有像「窈窕淑女」[5]這樣的世界存在過呢。嗯——我真想去瞧一瞧。

我就這麼一手拿著《惜春譜》，尋索著芳子的「散步道」。現實上的街道開始悄悄轉換，也許走回從前的那霸街頭，感受當年的氣息，並不是太困難的事。

所謂的過去，並不代表永遠都無法改變。

4　沖繩民族學家，沖繩學的奠基者。一九一六年，伊波普猷與比嘉靜觀在那霸設立了基督教會公理會，當時有一群就讀沖繩女高的年輕女孩，經常聚集在此地，思想上受到伊波的影響。金城芳子即是其一。

5　《窈窕淑女》為日本漫畫家大和和紀的作品，以大正時期為背景。

在下泉談個戀愛

山之口貘的青春

坦白說，我至今並沒有認真讀過山之口貘先生的隨筆。舊書店「言事堂」的老闆曾告訴我，貘寫過一本《山之口貘 沖繩隨想錄》（平凡社 Library），談到那霸的幽靈傳說。我把這本書買了回去，其中確實有兩篇幽靈雜談，內容也非常有意思。此外，貘也回憶了他上東京求學之前，住在那霸的生活，尤其是對於出生地泉崎的刻畫似乎最多。

例如〈失去的青春風土〉這篇隨筆中，他寫到自己離鄉三十四年，終於又回到了那霸泉崎：

泉崎——我的初戀是在這個小鎮萌芽的，失戀也是在這裡，接著，我的愛苗又在此地滋生，但依舊沒有得到結果。

好個戀愛的泉崎！不去瞧瞧怎麼可以呢？這就趕緊騎車出發吧。泉崎位於現在的那霸市政府和公車轉運站之間的地帶，今天已改名為「下泉」。

我先到附近稍微繞看了一圈，不過並沒有發現什麼與獏有關的線索。只有一間名為「饃饃」的拉麵店而已。

我家的東邊有個小池，池面上，到處漂長著一種名為「空心菜」的植物。鯉魚、鯽魚在水中悠遊自得，鬪魚則躲在岸邊的暗處。（〈沖繩的叫喚〉）

根據這段敘述，我且來找找獏的老家。

結果？當然是一點影子也沒有。因為池子早就被填起來了。不過，從舊那霸歷史民俗地圖上，還可以清楚地看到池子的位置。按著地圖的方向找去，那一帶已經改建為大型停車場，地點呢，就在琉球新報大樓的旁邊。由它寬廣的程度看來，總覺得有一點「池（奇）怪」不是嗎？

據說獏很喜歡玩鬪魚，應該在這個池子裡撈了不少。旁邊還有一株細葉老榕樹，氣根常年垂在池面上。「每當熱得受不了的時候，我就會爬上那株細葉榕

樹，攀掛著樹幹晃呀晃的，真涼快。」（〈沖繩的叫喚〉）

我坐在附近的長凳上，重新翻開書頁。感覺和書裡的現場又更為貼近，然而，現實中的風景已經完全不同了，實在是不可思議。難道說，貘是在這樣的小鎮上失戀了，才寫出那麼動人的詩句來的嗎？……我任由想像馳騁。

離家三十四年，連同沖繩島戰役期間，貘一次也沒有回過家鄉。再度踏上泉崎的土地時，他對眼前的變化驚訝得說不出話來。唯獨一塊過去遺留下來的「仲島大石」，喚起了他的記憶。

仲島就在泉崎這裡，鎮上居民以前都把這塊岩石周邊的地方，喊做「大石前」（Ufuishinumē）。（〈失去的青春風土〉）

「仲島大石」現在收藏在公車轉運站內，當作史蹟保存。我重新比對戰前與現在的地圖，從仲島大石的原址所在地慢慢走出去。說不定貘所居住過的、戀愛過的泉崎風景，會因此而甦醒過來？既然說到「仲島」，我想起有位知名的遊女歌人「吉屋鶴」。原來，這裡便是貘與鶴二大詩（歌）人出身的小鎮！

現在的下泉一帶，已成了住宅區與高級餐廳、居酒屋等住商混合的地區。下回也許可以在這兒啜飲小酒，懷想貘的年少青春吧？當然，我會在口袋裡偷藏一本貘的隨筆集。

在上泉發現的福木。

仲島大石。

新屋敷的愛心裝飾

我在舊書店「小雨堂」裡隨意瀏覽著舊那霸散步和沖繩主題書牆時，看到一本名叫《泊物語》的書，書名有種似曾相識的熟悉感。副書名為「昭和的人們」。大略翻過內文，裡頭也收錄了幾篇與泊地有關的文章。書封內頁上印有「戰前的泊地圖」。這本書是新星出版社於二〇〇一年發行，似乎是自費出版的吧？我都不知道有這本書啊。

本書作者良子．佐久本．克朗戴爾居住過許多地方，目前（出版當年）住在美國。她為了讓子孫瞭解自己經歷過的戰爭與出生地泊地的故事，花費了十餘年，才把這本回憶錄寫完。沖繩島戰役爆發時，佐久本還是個小學六年級的學生。

崇元寺那邊——就在昭和女高的斜對面，有個「黃昏小市集」（Yusanri Machiguwa），每天近傍晚時分，就會固定出現兜賣食材的小販。多半都是穿著短袖短褲，綰著髮髻的中年婦女，前頭擺著青蔬、豆腐、雞蛋、活雞和芋頭之類的生鮮。天色若是暗下，她們便點燃燭燈，繼續叫賣。

我眼前浮現出崇元寺橋那一帶的景色。通往泊高橋的路面寬闊，往來行人卻甚稀少，有時，可見到幾輛首里公車經過；泊高橋到波上之間的道路當時已鋪上柏油，潮渡橋四周則還沒什麼可以遮擋冷風的建築物。到了天色向晚時，泊高橋上的人力車伕三五成群，都在等著送客人去市區看戲、看電影。「人力車的側邊會掛上一盞點亮的燈籠。客人還沒到來以前，車伕們就悠閒的在煙管上填填菸草、吸幾口菸，同行間閒話幾句。」

良子誕生於海邊一處名為「新屋敷」的地方，鄰近外國人墓區。在她的記憶裡，泊港的日子過得安適而恬靜，「夏天的海面是澄澈美麗的鈷藍色。蒸汽船往來其上，船身的熱球引擎會發出砰砰的聲響，真教人懷念。（中略）風勢轉強時，成排的山原船（俗稱馬艦船）便揚起茶色的風帆，從泊航向沖繩北岸的山原。」

說到泊這個地方，以前我也提過，家中父母都是慶良間群島出身，我對接駁船乘船口的印象也很深，但卻不怎麼想起街上的物事。也許，是受了作者的影響吧？讀完書，掩卷之餘，我決定立刻騎車到泊去晃晃。

不曉得新屋敷現在是否換了新的地名，姑且對照戰前和現在的地圖，隨意漫步。後來發現，在兩棟建築物中間有一塊小綠地，名喚「新屋敷公園」。它四圍長滿了高大的樹木，好似受到特殊護衛般，散發著不尋常的氣息。裡面有株樹木，枝椏形狀奇特，宛若是個顛倒的愛心。園內打掃得很整潔，感覺得出附近居民對這兒的愛惜。仔細一看，原來立著石碑，紀念的是琉球王國晚期精通泊空手道的武術家——松茂良興作。

儘管我在這一帶已找不到和新屋敷有關的景物，但因為遇見這座公園，讓我在心底的舊那霸地圖上，增添了一處名叫「新屋敷」的地方。

那是兩年前的往事了。這次，我因為要寫這篇文稿而到新屋敷周邊繞繞，才得知為了整修公園，園中樹木似乎被砍除了大半。愛心樹的枝椏一根也不留。嗯……我不曉得這裡需要整修些什麼，只是感覺到，自己心底的地圖，多了好幾個愛心的窟窿。

203　新屋敷的愛心裝飾

在那霸市歷史博物館外

有時，以自我為中心來考慮事情，並不是什麼壞事，因為心情也會跟著變好。當我聽說那霸市歷史博物館正在舉辦「那霸的史蹟．舊址～一起來去 Naha city」展覽時，不禁暗自高興，心想這一定是為了我而祕密籌備的展覽。於是，我興奮的跑到 Palette Kumoji[1] 的四樓參觀。

有關展覽的緣起，是這麼寫的：

一九九四年起，本市開始進行舊蹟與歷史地名標示作業，為過去在沖繩島戰役、戰後復興及開發過程中，受到毀壞的市內舊蹟、歷史地名，設置說明標示牌，期望能打造一座俾益於地區學習與觀光發展的文化城市。（中略）本館為紀念標示作業完成，特別規劃了「那霸的史跡．舊址～一起來去 Naha city～」主題展。

1　Palette Kumoji 是久茂地的大型複合式商業大樓，那霸市歷史博物館位於四樓。

原來如此！每回騎車到舊那霸地區遊晃時，我總會在街角瞥見這些小小的說明標示牌。整個那霸市區共花了二十年的時間，才完成這多達一百六十幾件的標示作業。我滿心喜悅的走進展間，直到歷史博物館的最深處（雖是這麼說，但空間並不像字面上感受到的那麼寬廣）。展出的內容與我想像的有點不同……哦，原來這個展覽分為前、後兩期，現在展出的是前期的「首里・真和志地區」。展名提到了那霸的史蹟，我還以為是指戰前的那霸市，也就是西町、東町、久米村、若狹町、泉崎周邊呢。自我中心真不是一件好事。後期的「那霸・小祿地區」展，要到四月二十五日才開始。幸好館方為前、後期展覽特別製作了「那霸市史蹟・舊址導覽地圖」，供民眾免費索取。廢話不多說，還是先到地圖裡面漫步吧！

打開「那霸・小祿地區」的地圖，上面繪製了史蹟、舊址的位置，並個別編號。我大抵都曉得這些地方，不過，也有我不知道的。比如編號128，就讓我眼睛為之一亮，這是東恩納寬惇的老家。現場應該也放了說明標示牌。這條路我常走，原來他就住在這裡呀。看來，我是該好好的走一趟他的名作《南島風土記》裡的舊那霸才是。我騎上自行車，沿著久茂地川，前往西町與東町的交界處。

我的老家住在「見世前」，大門是砌成圓角形的石牆，和一般附加了屋簷的方形大門長得不太一樣。聽說這種大門樣式是源自於薩摩的脇仮屋。

東恩納先生在其《童景集》的〈見世前〉一開頭，如此描述了自己的老家。

在市中心還沒移往「大門前」發展以前，「見世前」一直都是一個引人注目的區域。

見世前在琉球王國時代就是那霸的中心，而大門前直至明治時期才鋪設道路；兩條街相距僅百餘公尺。現在不論是哪一條街，都已感覺不出昔日繁華昌盛的氣息了。

我照著地圖，走到標示第 128 號的地點……有了！

我想我應該沒見過這裡才對。

說明標示牌好像才剛裝上不久，外面的塑膠封套還未拆掉。仔細一看，原來是沒有插牌的全新狀態。這倒是挺難得一見的。我想，在後期展覽開始的時候，這塊牌子應該已經安上了。

愉快的事情，是值得提早一些開始期待。

東町。東恩納寬惇老家舊址。

戰前的那霸市政府。（「昭和的那霸」復舊模型，那霸市立歷史博物館藏）

開南狂想曲

若是問起「還記不記得沖繩『回歸』當時的事情」，那麼，現在四十五歲以上的世代，應該多多少少都還能夠回答得出來才對。一九七二年五月十五日——沖繩「回歸」日本的這天，暴雨傾盆。與儀的那霸公民會館內正舉行回歸紀念儀式的時刻，附近的與儀公園裡，卻聚集了抗議的人潮，形成一幅歷史性的畫面。……我總是如此向人敘述這段往事，說的次數愈多，愈發覺得那一日的雨滴也打在了自己的身上。但其實當年我還只是個小學生，回歸當天，家人要我留在開南的家裡，不准往外亂跑。

到今年（二〇一四）為止，又過了四十二年，「回歸的一代」也迎來不惑之年。對於這件事，我雖已沒有什麼可以再多說的了，但因為剛好在二月出版了新書《我的沖繩「回歸後」史》，自然多了點機會，聊聊「回歸」舊事。

一次偶然的機會下，我看見那霸市今年配合「一起來去 Naha City」展覽而製作的史蹟、舊址導覽地圖，而忽然想起了「開南」被指定為真和志地區舊址的事。

「開南」嚴格說來並不是正式的地名，只是本地人都習慣把介於那霸市樋川、松尾兩地之間的開南公車站周邊，稱作開南。我在文章中每次寫到此地，都介紹它是沖繩戰後的復興據點，最早發展出黑市的規模，後來又發展出神里原、牧志公設市場、平和通等熱鬧的商店街。

其實開南之名，是來自戰前沖繩第一所私立中學的校名，校區就位於真和志村郊外的山丘上。而這「開南」二字，據說是借用了日本第一艘南極探險船——「開南丸」的名字，意謂橫跨北半球與南半球。

戰後，在這所中學的原址上，曾經短暫設立過一間開南小學，但很快便遷往泉崎。雖然開南公車站和開南小學之間距離頗遠，幸而我就讀那時並無太大問題。（開南一帶的學童，按學區分配，應該要讀城岳小學。我卻讀了開南小學，真是不可思議。）

回歸日本那陣子，與儀公園裡面經常可以見到回歸運動示範隊伍在熱心的操練，人們到平和通、牧志公設市場、國際通多是為了購物，而文字通總是人潮混雜。當時開南公車站外的大街上，總能見到這般喧騰的光景。

也因那時仍靠右行駛，南部人搭公車到此地購物時，一下公車就可以直接通往商店街。公車站設在比地面略高的平台上，與附近的派出所相接連。

回歸日本之前，第一牧志公設市場為實施近代化設施興建工程，曾暫時遷往開南公車站至神里原之間的街道上。這可真是個瘋狂的決定。

如今四十二年過去了，開南公車站周邊的樣貌，也隨時代的腳步而變化。

從前雜沓紛亂的景象彷彿一場夢境，為了拓寬更新道路，許多居民被迫遷出家中，徒留下醒目的荒地。而後，今天又一變而成了所謂的「舊址」。

我從來不曾想過，自己從小至今看著的地方，最後竟被劃入「舊址」之列，若是這麼下去，這兒的居民和風景可真要垂垂老矣。

姑且先到現場去，看看設立了什麼介紹史蹟舊址的牌子沒有。

哦，果然有一塊小小的說明牌，安置在公車站的角落。

從前的派出所舊址上，長著一株壯碩的美人樹，枝枒長長伸展，使公車站也享有這份蔭涼。空白的荒地，由遠而近。悠閒穿越馬路的購物客。

這樣的風景，有一天或許也會消失吧。

開南公車亭四季風情。

採集若狹的風

這是發生在一、兩年前的事情了。那天，我一如往常在舊日的若狹町裡騎單車漫遊，忽然從眼前閃過一道陌生的風景，我急忙停了下來——

若狹位於那霸的海邊，不管走的是哪條路，只需一概往西行，即可通往從前的海岸。過去的雪崎海角，現在已被埋覆在若狹海濱公園底下；而沿海的海灣，則改成了那霸港邊長長的防波堤。

戰爭結束後，政府將若狹近海地區劃設為棋盤格般整齊的住宅用地，站在狹窄的十字路口，向西舉目，遠處便是海面與寬廣的天空。巨大的建築物，就矗立在道路的盡頭。這幢拔地而起的白色高樓，把海啊天空都給擋住了。我凝視著眼前的建築，還以為是看到了海市蜃樓呢……。

其實，那一隅白色的城市街角風景，都是大型郵輪的局部。因為若狹防波堤的對面還興建了大型客船的專用碼頭，若是站在若狹住宅區，從街縫朝海邊看去，每一艘郵輪都變得巨大無比。這番景象，彷彿就是HAPPY END唱出

若狹，郵輪碼頭。

波上橋前方風景。

的歌曲：「伽藍寺院的防波堤外／天邊停泊著／一艘白色的城市巨輪。」這些停靠在暫設碼頭邊的巨大輪船，儼然就是一幅獨特的異國景象。這恐怕是我第一次看見需要抬頭仰望的大船。（小學生嗎!?）這裡且再閒話幾句，「HAPPY END」是活躍於日本一九七〇年代初期的傳奇搖滾樂團。而「一艘城市停泊在防波堤外」的意象，是來自於他們的歌曲《採集風》。沒想到若狹小町，竟與HAPPY END的曲子如此合襯。

自從碼頭正式開設以後，停靠若狹的船班逐漸固定下來，街頭上，更容易看見高消費力的觀光客——不，或許他們並不是什麼富裕階級，只是我的印象而已。

趁著梅雨放晴時，我去了一趟久違的若狹，獨自沿著海岸騎車。從松山公園的緩坡往下滑，沿途是成排的鳳凰木，樹梢上初初綻放幾朵緋艷的紅花。穿過十字路——聽說這一區本有意發展為中華街，然後行經人煙寥少的若狹海濱公園。接著走泊大橋、波上橋，最後，前往海上立體交流道——它會合了若狹的車道，與通往那霸機場的「那霸海空海底隧道」。對面即「那霸郵輪碼頭」。沒有郵輪停泊的時候，碼頭傳出的大概是「咯啷……」或者「噗茲……」這一類的聲響吧。港邊的建築物雖然已經蓋好，但為了擴充碼頭的機能，附近仍持續施工中。到處都懸掛著「嚴禁進入」的警告牌。前往碼頭的沿路上，都設置了長凳，這裡本來規劃成對外開放的親水區，但在週六的白天，仍然不見半個人影。

從前——大概是十年前左右，這附近的防波堤上，還常常見到許多阿伯坐在這裡，整日閒來無事，只管望著海面放空。現在那裡已經圍上了施工的安全籬笆，禁止民眾進入，以前的防波堤對面的海岸，也已經填埋起來，成了一塊雜草蔓生的荒地。

……我想起來了。一九九〇年代，那霸市政府每年都會利用海岸邊的公園綠地，舉辦盛夏祭典「NAHA Seaside Festival」，活動中的最高潮，就要數「海上煙火表演」。工作人員在船上將煙火球放入海中，直接點燃引線，海面上倏地盛開半圓形的煙火。是啊！當時我們不就是站在這條防波堤上看煙火的嗎？

站在仍處於開發階段的若狹海濱公園一旁，我對此地的記憶忽而明亮騰空，旋又恍惚若失，猶如海上的蜃樓。

狐狸颱風終於來了

首里、弁之嶽

今年的「那霸日」巧遇颱風過境，這篇文稿差不多就是在那天寫下的（二〇一四年七月八日的上午）。稿子遲交的時候，我甚至想好要拿準備防颱當藉口，結果是想當然耳——行不通。於是我繳出了這篇颱風雜感，內容上，與平常寫的那霸散步主題，是有一些不同。眼前的窗外，雨疏風驟，好一幅搖晃抖動的奇景。

昨天我提早回到家，在房屋四周做防颱準備的時候，便已發現天空的顏色很不尋常——美得猶如晚霞的紫紅色，從首里這兒，一直渲染到西邊遙遠的海上。

天空彷彿正在燃燒，好像沖繩童謠唱的：

アカナー家ぬ
焼きとんどー

歌詞的意思是：「阿卡納（紅色生物，一說名為克基牟納）[1]的家燒起來了喲！」沒有想到，我居然親眼見到了它燃燒時美麗的天空。但隨後，我便察覺到這次颱風的古怪頑冥。臉書上面也開始有人上傳傍晚的紅霞照片。

說起颱風，我總會想起風雨拍打在窗戶上，發出咚咚咚的響聲。不過這是在從前，木造Tūtanya[2]（鐵皮屋頂的家）仍很常見的年代才有的事了。那時只要家裡一停電，我們就會點亮蠟燭，一邊收聽無線電廣播、一邊在光暈下玩撲克牌，餓了就吃碗高湯炒麵線……怎麼好像盡是些歡樂的回憶。雖然也難免擔憂颱風來襲，不過，颱風天似乎就是這麼令人期待。大概是因為學校宣布停課，所以覺得很高興吧？高中時代，我也曾經整夜無眠，守在收音機前聽廣播。因為電台在那個晚上，一口氣連續播放松任谷由實的《Surf & Snow》專輯全部歌曲，中間穿插颱風最新報導，聽得我興奮又過癮。

等到成年了之後，我依然殘留著這種情緒高漲的印象，所以特別能理解有人在颱風之夜，想出門喝一杯的心情。我時常冒著風雨，在平和通、國際通一帶「巡邏」——事實上只是胡亂地走。最近，大概是有些歲數了吧？要是問我「擔憂」或「期待」何者多一些，我想恐怕會是前者。畢竟，我們必須承認，

1　原文「アカナー」，為傳說中的妖怪。
2　原文「トゥータンヤー」，為沖繩語。

即使房子設計得再怎麼堅固牢靠，自然的威力總是遠遠超越人為……。

這一回，颱風八號（Neoguli，韓語，意指「狐狸」）正緩緩朝沖繩方向逼近。清晨兩點多，首里、弁之嶽附近的防災播報喇叭，傳出了「那霸市防災小組報告：那霸目前已進入颱風特別警戒區……」的聲響。我看外頭的風雨並沒有增強的跡象，但廣播裡冷靜的語氣，聽起來卻有些異樣。想想也沒有什麼可以做的，我又再度睡去。

等我一覺醒來，狐狸——竟然還沒有離開。

窗外風聲狂放激昂，聽得人不禁心慌起來。喇叭不定時播送著「那霸市防災小組報告：那霸已進入漲潮警報區……」待在首里的山上，我什麼也做不了，只能在家中徒然緊張。不過，不知是不是氣壓的關係，一陣睏意忽然襲來，這下子，真是應了俚語說的「狐狸睡覺——裝睡」了。

沖繩在這場颱風中，受創的嚴重程度究竟如何呢？在我書寫這篇文稿的此時，一切仍未明朗，謹能衷心祈求，颱風橫掃的範圍，不會再繼續擴大，群樹還在弁之嶽山上劇烈地搖晃碰撞著呢……。

首里的餘暉。

颱風當日的弁之嶽森林。

山之口貘〈看到了不該看的東西〉

自從幫小原猛出版了真實怪談集——《琉球怪談：闇與癒的百物語》（Borderink 出版）後，每年到了盛夏，我就會舉辦「百聞之十物語」怪談活動，邀請怪談作家小原猛、沖繩怪談朗讀的第一把交椅——琉球演說家諸見里杉子等人共同參與。活動地點在淳久堂書店那霸分店，而且故意選在關店前的晚間時段開始說恐怖故事。等到十位演說者逐一表演完，店門早已緊閉，聽眾總是緊張得摸黑從後門逃離，煞是有趣。每年活動都吸引了很多的觀眾前來。淳久堂書店那霸店位於美榮橋旁，這裡有處名為「七墓」的古墳群，正好是沖繩代表怪談「飴買幽靈」發生的舞台。在這裡裝神弄鬼，可以說是適得其所，效果絕佳。俗話說：「愈是感到可怕，就愈想要瞧瞧」[1]，所以大家才會這麼喜歡聽恐怖故事。

我當然會說恐怖故事，只是從來沒有在活動上表演過。要把聽來的故事，再轉述給人聽的說話技巧，我可是「Ne-rando」[2]的喲。所以我通常只負責解讀

1　原文「恐るさ物ぬ みぶしゃむん」，為沖繩俚語。
2　原文「ねーらんどー」，沖繩語，意指沒有、並未擁有。

沖繩的古文獻，然後再朗讀文獻中的句子，例如：「從前，我們沖繩，如此如此，這般這般。」

這個夏天我打算朗讀詩人山之口貘的隨筆：〈看到了不該看的東西〉。（《山之口貘 沖繩隨筆集》，平凡社 Library）內容提及貘在那霸街頭的親身經歷，時間是在戰前。以前我從若狹的舊書店——言事堂的老闆那裡聽說，戰前的沖繩文人有個習慣，即把遭遇過或聽聞來的「怪談」故事，日積月累的紀錄、留存起來。本篇便是其中的一則。

故事的舞台在舊那霸中心——東町的那霸市政府前，一條舊衣市場街上。某年夏日裡的某一天，貘在外頭寫生完畢（他本來立志要當畫家），準備返家。正走到舊衣市場的地方時，遇見了相識的學長，兩人尷尬地擦身而過。其實，貘因為愛慕那位學長的未婚妻之故，曾經橫刀奪愛，後來還與對方締結了婚約。所以他和學長之間，有過這麼一段不愉快的往事。回到家中，貘與母親提起與學長偶遇的事情，但是他的母親聽罷卻瞪大雙眼，直說：「不可能、應該不會發生這種事情。」

「這大白天的，難道我還會認錯眼前的人嗎？」我說道。「我看那個人已經不行了，大概救不活了。」母親說，似乎是知道些什麼內情。

其實，貘的母親隱藏了一件祕密：那位學長早在兩個月前就臥病在床，恐怕只剩下沒幾天可活，更不可能在大白天、大太陽底下走在街上。

母親告訴我，那是（那位學長的）精魂。人的精魂比肉體更早一步前往墳墓。

精魂脫離了肉體以後，就以有別於本人的存在方式，顯現在他人面前。這是沖繩民間相當常見的傳統觀念。結果那位被貘認出的學長，實際上究竟是什麼呢？……我且賣個關子，等到下次的「百聞之十物語」的現場再繼續說下去吧。坦白說，我本來該在昨天的活動當中，把這個故事說完的。要不是設在地下室的活動會場裡面有什麼的話……。

順便一提，貘與學長精魂相遇時的所在地——那霸市政府，在那霸市歷史博物館裡可以看到這棟建築物的微縮模型，包含整個戰前的那霸街頭模型。市政府的鐘樓對面就是舊衣市場，連路上的行人模型都做得唯妙唯肖呢。

我曾試著展開想像的翅膀，凝視著館內的模型——究竟，我能不能在裡面找到那位飄忽虛弱的學長，與一臉尷尬、摘帽致意的詩人呢……？

舊衣市場。(「昭和的那霸」復舊模型，那霸市立歷史博物館藏)

從前存放木材的楞場附近、東町及下泉交界處。

壺屋的舞廳

我們沿著壺屋鬆散堆疊的圓弧石牆走過。在燒物（燒製器皿，Yachimun）之町——壺屋一帶，可以隨意走逛路上林立的陶器作坊，不過，若是稍微岔進兩側，還能夠發現戰前就存在的小巷弄，這亦是那霸珍貴的遺產。雨已經停了，軟風輕輕拂過這座小鎮。

在美榮橋附近的書店聽完倉成多郎的《壺屋燒入門》新書講座之後，我和現場的一席聽眾又隨著倉成先生的腳步，走訪壺屋燒的作坊。約莫一個鐘頭的時間，逛過牧志、壺屋通周邊，接近黃昏時分，我們才走進壺屋通裡面的小巷弄。

因為才剛聽完滿滿的壺屋歷史，理應不熟悉的壺屋城鎮，看上去彷彿就像染上了一層令人懷念的茶褐色調。之後，我們爬上附近的小山，抵達位於斜坡上的廣場——就是公民會館前面的廣場。高大的古樹守護著此地的御嶽[1]，而御嶽則守護著壺屋。

1　御嶽，又稱為「腰當森」，指琉球神道的聖域，多為森林空間或泉、川等。

「這個廣場啊，有時還可以看到旗頭排練呢。」倉成說。

的確，幾年前我到附近散步時，為了找尋鑼音的出處，也曾經循聲找到這個地方。

壺屋可說是戰後那霸復興的重要據點。戰後，那霸一度成為本地居民「禁止進入」的地區，即所謂的「Off-limits」。直到美軍正式統治沖繩，考慮到居民生活上使用器皿的需求，這才開放讓陶匠們進入壺屋地區工作。壺屋也是那霸地區裡面受戰禍波及較少的地方，部分居民從避難收容所離開後，紛紛選擇落腳在壺屋周邊，因而發展出黑市，乃至成為那霸主要的商街——每當說起戰後那霸的發展，這段歷史總會再次被提及。

「壺屋這裡，好像還有舞廳呢！」倉成這一語，倒是令我驚訝連連。我只知道附近的神里原通有戲台和電影院，原來——還有舞廳呀。可是，舞廳會開在這麼安靜的住宅區裡嗎……？唔，也許當時的這個地方，和今日所見已有極大的不同。當舞廳裡流瀉出美國早期流行樂的時候，壺屋還是個既古老又年輕的小鎮……（我索性把公民會館當成舞台的背景，揮動起想像的翅膀）。

結束一整天的工作之後，年輕的陶匠們會邀約山形屋百貨裡慧黠美麗的女店員到舞廳跳舞……唔，大概就像這樣吧？這麼說來，我從小居住的樋川、開南一帶，在住戶的小巷弄之中，說不定也隱藏著舞蹈練習室這樣的空間……例如「Tiger Dance 練習室」之類的。原來，這也是當年的黑市所遺留的另一道茶褐色的風景。

話說回來，壺屋這一帶之所以會發展為製陶重鎮，最早應溯源至四百年以前。當時，琉球王國的首里王府將沖繩湧田、首里寶口、喜名、知花、古我知等地的窯場，集中遷至壺屋。在歷經了日本併吞琉球、沖繩島戰役、回歸日本等時代的交替之後，今日的壺屋儘管也承受著都市化浪潮的沖刷，卻仍得以繼續生產這擁有數百年歷史的「燒物」，這也許可以視為一個小小的奇蹟吧！

壺屋，公民會館前。

壺屋，石町通。

崇元寺的光輝

月曆已翻到了「Sepetember」，雖是入秋，日頭仍熾炎著。這日傍晚，我邀東京來的客人和我到那霸街頭去散步。他是一位怪談作家，尋常的觀光路線可能無法滿足他的好奇心吧？所以，我決定帶他到我今秋熱衷的安里、崇元寺町一帶探探。

我們在單軌電車安里站上了車，目標是安里八幡宮。這座神社裡面，奉祀著沖繩少見的武神——琉球王國的尚德王。由於幾年前才剛改建完成，神社的外觀看起來仍很新亮。前方有塊空地，現在變成附近居民的社區活動廣場。我想讓這位客人瞧一瞧神社後方那棟高聳入雲的那霸新都心高塔大廈。對著這幅新舊交融的奇景，他連連嘆道：「這裡簡直就跟東京佃島那兒一模一樣嘛！」其實我當初發現時也驚愕得說不出話來。「南之島」[1]舞蹈（流行於安里地區的特殊民俗舞蹈）也讓他開了眼界。看來，「郊區都市化」緊接而來的，便是「高塔化」了（儘管那霸塔早已消失）。

1　南之島是一種棒舞的形式，由多人頭戴面具、手執棍棒跳舞，搭配樂器多為銅鑼、太鼓或三味線等。

安里到崇元寺之間的住宅區就位於斜坡之上，戰前，從這裡應該能夠眺望那霸、真和志地區美麗的風景。沿路的屋宅都蓋得特別寬敞，這一帶在從前應該是屬於郊區吧？我們走過了「荷蘭人邸」，再循著斜坡路直走，最後竟走到新都心通往牧志的那條大馬路上去了。這一帶，我也忘了在哪裡，好像還有間崇奉金丸（即後來的琉球王國王尚圓王）的「碁打御嶽」[2]，但我們連下棋的時間都沒有，這次只能匆忙離去。日落西沉，夜晚即將到來。

我其實是想帶他去看另一座御嶽。那是我從新都心散步至此處的途中，偶然發現的小公園。走在那霸的住宅區裡，有時便會遇見這種突兀畸零的綠地，這時，通常可以合理推測綠地裡面有「拜所」。公園裡豎立了一塊石碑，上頭寫的是「隱居御嶽」，名字取得挺有意境。對照舊地圖，我才注意到這一帶本來叫做「隱居山」——搞不好這以前真的有間和尚隱居的寺廟。不過目前看起來，似乎只剩下御嶽「隱居」在住宅區裡的一角而已。生在這個時代，大隱於市也算是一種福氣。讓我也來合掌默禱吧：「拜託了，請保佑我，老了也能當個隱士。」

我倆踏著夕陽餘暉，來到了崇元寺舊址的門前。寺院裡面供奉的是歷代琉

2　碁打意指下圍棋。

球國王，據說首里王府統治時期，就是在這裡接待中國使節的。總之，崇元寺與王室淵源深厚。崇元寺現在就在公車亭的後方，舊時的建築，除了三連石拱門外已別無其他。不要說是戰前被指定為國寶的莊嚴寺院，就是連美軍蓋的琉米會館，也找不到一石半瓦。

石拱門曾在沖繩島戰役中被砲彈毀傷，今之所見，已是後人修復過的面貌，實際上它本來應該更加雄偉氣派。假如來到此地，竟只認得公車亭而「過門不入」，那該有多可惜啊！這裡的訪客向來稀少，因為它乍看之下，就是一無長物的荒涼空地。但，不也正因為如此，才有尋幽訪古的樂趣嗎？

沒有建築物，倒是有供祀金丸的「馬鞭御嶽」。御嶽的名字通常取得獨特，這是因為御嶽依據口傳故事來設立，而這些口傳故事，通常都有鞏固王室正統性的用意，是以往往充滿神話色彩。我還想再多看幾眼，遂拉著客人穿過細葉榕與木麻黃掩映的石門，再往深處的森林走去。說也奇怪，這石門與外邊嘈雜的公車要道明明緊緊相鄰，但森林之內卻清幽且寧靜。崇元寺石門的上方，還有一處眺望公車往來的絕好位置。據說古代的琉球人騎馬路過此門，必得下馬鞠躬，行禮如儀後，方可通行。因之，地上還能見到紀念這件掌故的「下馬碑」。

要找到崇元寺這裡，可從安里、天久（新都心）緩步下坡，最後便能順利抵達。對了，這裡還有一座懸崖，正對著過去的那霸港灣。

天色此時已全然暗下。好吧！接下來，我們要從散發著古老光輝的崇元寺離開，然後走過安里橋（崇元寺橋），去到連接舊首里與浮島那霸的海中道路——長虹堤的舊址，最後，我要帶客人再回牧志的酒吧——為這美好的一天，乾上幾杯。

崇元寺舊址。

隱居御嶽。

不搖擺的市場多無趣呀！2014

有很長一段時間，只要說起「沖繩人的廚房」，大家就知道是指「平和通」與「公設市場」。就好像現在，即使不明確講出「第一牧志公設市場」、「市場大街」或「太平通」、「Urizun 横町（うりずん横町）」、「日出那霸商店街」，我們還是知道這一帶可以用「平和通　公設市場」來概括。在我還小的時候，這些街道就已是人頭攢動的購物天堂……咦，不對，那應該是一九九〇年代前期的情景了。那個時期大眾開始用「流行樂」來形容沖繩的城市氣氛，試著再次發現沖繩的獨特之處。只要到牧志公設市場、平和通一帶去，即便胡走亂逛，都能感受到煥然一新的沖繩。有時稍微變換視角，就能在熟悉的場所看見閃耀的光芒。

平和通周邊的夏日重頭戲——「Peace・Love・小町 &壺屋祭・ST・Jazz」街頭 Live 音樂會，正是草創於這個時期。「ST」即 Street。當初本來設定演奏爵士樂，後來又加入了民歌、搖滾、當代民謠等類型多樣的現場音樂演出。

站在街頭上，可以聽見各種旋律響起，那感覺真是難以言喻的美妙。究竟是為什麼呢？我當時熱衷於追逐小巷弄裡的樂團表演，簡直到了痴迷的程度。那可是集合了新良幸人與爵士管弦樂團演奏《Jin-Jin》[1]，還有在朋友家開的棉被店前面舉行的 Yachimun、EPO[2] 聯合演唱會哪！我還特地為此寫了一篇題名為〈不搖擺的市場多無趣呀！〉的專欄文章。

今年秋天，往日的小町 Live 音樂會忽然復活了（好像十年沒有舉辦了）。這次的活動名稱是「Peace・Love 小町嘉年華」。我當然不會錯過，活動當天，趁早便到和平通附近去晃晃。如今的街道與「搖擺」的當年相比，購物的人潮已經少了許多，不過到處都搭有表演舞台。

我在壺屋通的小巷弄裡散步，在新天地市場本通觀賞街頭魔術表演，在浮島通看工作人員準備可愛拔河比賽，在太平通聽節拍悠緩的民歌……一邊用眼角餘光盯著日出那霸商店街上的表演，同時衝到公設市場的主要會場「照屋」的最前面。勢理客[3]前衛爵士管弦樂團果然跟市場的風景很搭調。市場的歐巴桑們也歡樂得跟著手舞足蹈。停下腳步、認真享受音樂的幾乎都是本地人。為了去平和通聽 Yachimun 唱歌，我從陽傘街穿出去，沒想到被哼著森巴的動人歌

1 Jin-Jin，在沖繩語意指螢火蟲。
2 Yachimun（やちむん）和EPO都是日本創作歌手。
3 沖繩縣浦添市地名。

太平通，2014 年。

聲給吸引，情不自禁，停住了腳步。

接著，我終於看見了站上平和通舞台的 Yachimun，為眼前這場十足地道的小町現場表演而興奮不已。當他唱起〈你敢不敢一生默默無聞呢？〉這首歌時，舞台上，滿滿都是觀眾打賞的小費。

市場裡還掛著二十年前的標語：「公設市場自戰後便為那霸、沖繩本地供應各種生活需用品。今後也將以嶄新的面貌繼續竭誠服務。」即便到了今天，這個小町依然繼續的迎向每一天的變化。

平和通，可能是 1990 年代前半期。

第一牧志公設市場，2014 年。

十二月的空中飛鯨

浮島那霸之幻想

十二月這個季節，讓人成了時空的旅人。

男人又像往常一樣，思想起舊那霸的時光，深夜踽踽行走在往日西町、東町的街上。他才剛結束在碼頭邊的飯店內辦的忘年會，因為想獨自在月夜下散個步，而婉拒了後續的邀約。倉庫街這一帶，以前好像叫做「西之海」吧。路線公車走的是「牛町下坡段」，鄰近久米島、粟國、渡名喜，過去應該是泊船、卸貨的碼頭……他回想著，宛如身在夢中。

男人之前本來慣常會拿出口袋裡的戰前那霸民俗地圖，邊看邊找路，現在，他已能任隨心中的地圖帶他漫遊，有時望著路邊剛蓋好的新公寓，他仍自言自語：「乾脆從東恩納寬惇的老家『見世前』那邊走出去，再接到金城芳子的散步路線『石門通』好了……。」旁人看來，大概會以為他喝醉了吧。這些地名、人名，早就都不存在了。

誰還在乎這些呢？即使回望遠方的風景也無助於前進，他卻把這當作是活在此刻最要緊的事。他不是為了已經失去的過去感到遺憾，只是至少不想就此遺忘。所謂的好好活在自己的土地上，不就是這麼一回事嗎？

那霸在很久以前，曾經是個擁有港口與城市的離島。這個名喚為「浮島」的國際港都，至今已有長達四、五百年悠久的歷史。但是，此地卻失去了後人可憑藉追想往日風光的地貌與景觀。

三年前，男人意識到這件事，而有了到從前的那霸散步的習慣。他通常騎著腳踏車前往，偶爾停下來攤開地圖，偶爾對著空無一物的海峽舊址，拍張紀念照，一片一片的掇拾回小鎮原初的風光。

他把前輩作家的著作當成了導覽書來看，在《南島風土記》、《童景集》、《那霸變遷記》、《那霸女子一代記》、《惜春譜》、《那霸孩童行狀記》、《幻想的街道．那霸》等等書中，感受作家筆下的「舊那霸」景致，閒來無事時便化身為時空的旅人，四處遊走。

真是愉快哪……。他倒是樂此不疲，享受這種近乎微醺的時刻。男人始終漫無目的走呀走著。東町以前的「大市場」，現在改成了遊樂場。流送木材的河道旁，那塊人稱「敷場」[1]的原址上，一座單軌列車的新車站即將完工。

說起來，那霸何以名為「浮島」呢？它並非會漂浮的島嶼。《浮思草紙》[2]上記載的〈浮島〉，所描寫的當是站在那霸對岸的泉崎高台，或登上首里山城遠眺時，這座小島彷若在浪花裡飄搖的模樣。西町、東町一帶的海岸，在建設為「那霸泊岸」的過程中，逐漸被填埋覆蓋……反正都是幾百年前的往事。

男人爬上幾階車站的階梯，轉身望向了海面。驀然間，他被國場川河口處附近一小團浮現在海面的黑色不明物體吸引了目光。是礁岩嗎？不是吧？它好像正在緩慢移動著。等了好些時候，男人總算看清楚：是一群鯨魚。他想起在書上看過海灣裡曾被鯨魚入侵的記載，莫非……但那晃動的姿態，說是浮島，似乎也行。那霸以前說不定就是那麼小的島嶼。

鯨魚無視於這啞然失語的男人，呼嘩地一聲騰上了天際，在夜空靜靜飛翔。

他熱切地想要追回的，那座消失小鎮的光影，會不會其實是眼前的這群空中飛鯨呢？男人這麼想著，再度跌進了醒不來的夢中。

（終）

1 存放木材的露天倉庫。
2 琉球王國首里王府於1531-1623年間采錄的歌謠集，有研究者認為來自祭祀時的禱詞，共22卷。

御物城。

三重城的懸崖下。

後記

在小鎮上晃蕩、慢旅了一段時間之後，我留意到那霸的街道正在逐漸消失的事實。這件事我在書裡也提起過好幾回了，其實，每當發現街道上的景象改變的時候，我便會想起「殺害城鎮」的說法，才恍然明白那是何種光景。我是在東京出身的作家——小林信彥的文章中，讀到這種說法的。他描述一九八〇年代東京町的變化時寫道：「其他大樓裡的服飾店和餐廳也處於劇烈的變化當中，常常不到半年，就又重新大洗牌，我還納悶是不是換了新的大樓呢！對於這樣的現象，我只能說，那是被殺害的城鎮怨靈出來作祟的結果。」（《私說東京繁昌記》）

「殺害城鎮」的意象既強烈又鮮明，據說第一個創造這個詞彙的人是建築家石川修武。他在介紹東京的文章中形容：「……東京町的景色，帶著一種獨有的負疚感在裡頭，那是我在美國的大都會中看不到的陰鬱。也許是因為，它至今還深刻記得自己是如何親手殺害了江戶町——那宛若弒父般的記憶。」

最初讀到這篇文章時，我只是暗暗思忖：唔，原來東京是這樣的一個地方。後來仔細再想，今日的那霸——在戰爭中毀容、在重建後易容的那霸，豈不也是如此？我記得在牧港篤三的《幻想的街道・那霸》裡讀到過。

那霸於戰前即已建設、發展的繁榮市中心，因為一九四四年的「十十空襲」而近乎全毀。戰後復興的腳步，概以壺屋、開南周邊為起始點，在美軍管制時期，那霸市又合併周邊的首里市、小祿村、真和志市，行政範圍倍於從前。回歸日本後，那霸不得不面臨都市化、郊區都市化的浪潮。就某個程度而言，戰前的那霸小鎮、戰後的那霸市，幾可說是截然不同的兩個地方。

這幾年來，我有時走路、有時騎單車，感受著那霸過往的歷史痕跡。我平時沒有什麼旅行的消遣，回頭重看這些踏查的經歷，卻好像是一段段穿越時空的旅程。在自己出生、成長的土地上散步，竟也充滿了樂趣，這是我從來不曾想過的。我的作法是先把《那霸市歷史》附的「舊那霸歷史民俗地圖」複製在描圖紙，再將描圖紙疊合在等比例的那霸市地圖上；在半透明的紙張底下，顯現出那霸街頭的變化。儘管那些景色早已消佚無影，但是，每當我拿著那兩張地圖，一次又一次穿梭於巷弄或樹林之中，曾幾何時，這座城鎮就不再只有

「被殺害」的身世，而多了我為它添上的新生記憶了，不是嗎？如今我愈發相信，也依然喜歡閒散晃蕩，在那霸的路上。

這本書所集結的文章，原連載於《沖繩調調》雜誌（好像停刊了）以及《琉球新報．Kahu生活新聞周刊》，我特別要感謝當時的雜誌編輯群與周刊編輯林秀美女士的照顧。四年來，她每回津津有味地讀著我任性的稿子、告訴我「這篇也好好看哦！」總是給我莫大的鼓舞。另外，我還想謝謝社內（Borderink出版社）的編輯池宮紀子女士與喜納艾瑞卡女士，繼《我的沖繩「回歸後」史》之後，又為我彙編了這本小書。老是給兩位添加負擔，哎呀，實在是辛苦了。各位讀者，下次，陪我到舊那霸去散步吧！

二〇一五年初夏於那霸　新城和博

【Eureka】ME2091
那霸散步紀行：走訪沖繩那霸市，尋找巷弄間的歷史記憶
ぼくの〈那覇まち〉放浪記

作　　者　新城和博
譯　　者　張雅茹
封面設計　廖韡
版面編排　極翔企業有限公司
總 編 輯　郭寶秀
責任編輯　黃怡寧
行銷業務　楊毓馨

發 行 人　凃玉雲
出　　版　馬可孛羅文化
台北市 104 台北市民生東路 2 段 141 號 5 樓
電話：02-25007696
發　　行　英屬蓋曼群島商家庭傳媒股份有限公司城邦分公司
台北市中山區民生東路二段 141 號 11 樓
客服服務專線：(886)2-25007718; 25007719
24 小時傳真專線：(886)2-25001990; 25001991
服務時間：週一至週五 9:00 ～ 12:00；13:00 ～ 17:00
劃撥帳號：19863813　戶名：書虫股份有限公司
讀者服務信箱：service@readingclub.com.tw
香港發行所　城邦（香港）出版集團有限公司
香港灣仔駱克道 193 號東超商業中心 1 樓
電話：(852) 25086231 傳真：(852) 25789337
E-mail：hkcite@biznetvigator.com
馬新發行所　城邦（馬新）出版集團
Cite (M) Sdn. Bhd.(458372U)
41, Jalan Radin Anum, Bandar Baru Sri Petaling,
57000 Kuala Lumpur, Malaysia.
電話：（603）90578822 傳真：（603）90576622
電子信箱：services@cite.com.my

輸出印刷　前進彩藝有限公司
初版一刷　2018 年 11 月
定　　價　330元

ISBN 978-957-8759-36-7

城邦讀書花園
www.cite.com.tw

國家圖書館出版品預行編目資料

那霸散步紀行 / 新城和博著；張雅茹譯. – 初版. – 臺北市：
馬可孛羅文化出版：家庭傳媒城邦分公司發行，2018.11
面；　公分
譯自：ぼくの〈那覇まち〉放浪記

ISBN 978-957-8759-36-7(平裝)

1. 旅遊文學　2. 日本沖繩縣

731.7889　　107015863